天祐浮屠
坐镇江城

TIAOYOUFUTU ZUOZHENJIANGCHENG

绳金塔

南昌市博物馆 编著

SHENJINTA

江西美术出版社
全国百佳出版单位

前 言 / PREFACE

南昌是国家历史文化名城，具有 2200 多年的历史，有着得天独厚的文化资源和丰富的文物古迹，如滕王阁、万寿宫、杏花楼等，可谓"物华天宝，人杰地灵"。目前，我市有不可移动文物 2000 余处，其中全国重点文物保护单位达到 9 处，省级文物保护单位 62 处。

在国家、省、市的支持下，我市文物事业稳步发展，文物保护专项经费逐年增加，诸多文物保护单位得到维修和妥善保护，不可移动文物对外开放，取得了较好的反响；博物馆、纪念馆展览丰富，各具特色；文物考古发掘取得重大突破，特别是南昌汉代海昏侯国遗址的考古发现，举世瞩目。

保护为主，抢救第一，合理利用，加强管理，这是文物保护工作的十六字方针。文物是祖先留下的珍贵遗产，承载着灿烂的文明，我们有责任、有义务将文物保护好、利用好。绳金塔是江西省文物保护单位，也是南昌市现存唯一的高层古建筑，它是南昌人心目中的吉祥宝塔，见证了南昌城的发展历史，是南昌地区佛教传播发展的载体，对研究南昌特色历史文化及中国塔建筑具有重要的历史、科学和艺术价值。1988 年在对绳金塔进行维修时发现了地宫和塔刹文物，至今 30 年整，适逢绳金塔历史文化街区规划建设的关键时期，我们编著了《天祐浮屠 坐镇江城——绳金塔》一书。

塔本浮屠，绳金塔始建于唐代天祐年间（904-907 年），它创建与发展的历史与佛教密不可分，是佛教舍利塔。明清时期绳金塔又为风水文峰塔，素有塔能镇火消灾，振兴文教之说，清乾隆五十三年额勒春铸绳金塔铁水鼎，鼎铭有"水火既济，坐镇江城"之语。从古塔的性质而言，至今所见，同时兼有佛塔和风水文峰塔的用途和寓意在中国塔建筑中是非常少见的。"天祐浮屠　坐镇江城"既说明了绳金塔始建于唐代天祐年间至今已逾千年的历史，又包含了绳金塔既是佛塔又是风水文峰塔的丰富内涵，同时"祐"通"佑"，"天祐"亦为吉语，暗喻天人相佑，祯祥协应，绳金塔永镇江城，古城南昌灾祲永消，平安吉祥，文脉昌盛，这即是本书书名的由来和涵义。书中既有精美图片供大众赏析，又有翔实的资料，严谨的论文供大家参考，是我们对绳金塔保护、研究、利用的成果，以让绳金塔这一珍贵文化遗产再现真容。

现在国家强盛，生活富裕，人们开始追求美好生活。习近平总书记提出要让文物活起来。如何活起来，如何吸引观众走进博物馆，让博物馆成为人们的日常生活方式，热爱文物，弘扬传统文化，这是我们一直在探索的课题。我们将秉承文物保护利用理念，深入挖掘文物内涵，加强研究，以探索和创新的理念，推出一系列研究利用成果，让大家能够感受到文物古迹背后独具特色的文化魅力，传承中华文明，创造美好生活。

赵刚平

2018 年 5 月 18 日

双峰峥嵘镇江城 ／ 代序

◎宗九奇

> 滕阁金塔，双峰峥嵘。
> 水火既济，坐镇江城。
> ——绳金塔钟铭

耸立千秋的绳金塔，坐落在南昌老城区之南。绳金塔大门内，挂着一口硕大的铜钟，钟的外面，便铸有上述四句铭文。南昌还有两句"古谚"，谚曰："藤断葫芦剪，塔圮豫章残。"与钟上四句铭文，可相互诠释。滕阁、藤，指的是老城区之西临江高峙的滕王阁；而金塔、塔，指的就是古城之南的绳金塔。

《钟铭》与"古谚"，讲的是南昌两座始建于唐代的"文笔峰"对古城的影响。"古谚"中，"藤"谐"滕"音，指滕王阁；"剪"，断也，指古阁之废；"葫芦"乃藏宝之物；"塔"，指的就是绳金塔；"圮"，倒塌之意；"豫章"，亦即南昌（汉代豫章郡之郡治，故名）。"古谚"的意思是，如果滕王阁和绳金塔倒塌了，豫章城中的人才与宝藏都将流失，古城亦将败落，不复繁荣昌盛。两座始建于唐的古建筑，何以受到如此重视，乃至成为一个地方兴衰与否的兆示物呢？

在我国古代习俗中，一个人口聚居之地，需要地标式的吉祥的风水建筑，这种建筑一般为当地的最高建筑，多为宝塔或摩天楼阁，俗称"文笔峰"。文笔峰耸立于天地之间，聚集天地之灵气，吸取日月之精华。古人认为，企盼昌盛，欲出人才，必须有高物，方能接收宇宙之气。文笔峰完整存在，该地就能繁荣昌盛而人才辈出。否则，就无法通天地之灵，这个地区也将人才零落，渐渐失去生机，乃至衰败下去。因此，文笔峰在人们的心目中占据着神圣的地位，倍受重视与保护。

南昌有两座文笔峰，一座是被称为"水笔"的滕王阁，一座是被称为"旱笔"的绳金塔。滕王阁，坐落于赣水之滨，始建于唐永徽四年（653年），中华文化地标，江南三楼之首。在漫长的历史当中，滕王阁迭废迭兴达二十九次之多，唐代大文学家韩愈曾赞道："江南多临观之美，而滕王阁独为第一。"历来为迎官拜诏、文人雅集、吟诗作赋、歌舞宴乐之地。坐落古城之南的绳金塔，始建于唐天祐年间（904—907年），既是佛塔，又是豫章古城镇火消灾的吉祥物。《钟铭》所云："水火既济，坐镇江城。""既济"，是《周易》中倒数第二卦，即第六十三卦，卦象为内卦火、外卦水，水在火上，水火相济，阴阳平衡，危机灾害可安然渡过。自古南昌多水患，有"滕阁"镇之；南昌古代频发火灾，南为火地，城南立"金塔"以镇之；豫章古城便呈现"既济"之象，成为平安之地。

纵观历史，历经兴废。滕阁金塔残败，正是世道衰微之际；滕阁金塔焕新，则是盛世太平之时；正所谓"乱世则废，治世则兴"。因此，古人视两座建筑为南昌的吉祥的地标建筑，认为阁毁塔圮，必定灾连祸结，《钟铭》"民谚"或由此而来。历朝历代的主政者，为顺应民意，求安稳平和，只要财力物力允许，便定然要重建人文荟萃的滕王阁，修葺佑护一方的绳金塔。当今，我们虽不再以古人的风水理论去臆测时事，然而，改革开放之后，南昌市政府顺乎民意，1989 年秋，重建之阁落成，修葺之塔竣工。这两座"文笔峰"，双管齐下，双峰并峙，从客观上成了南昌经济繁荣昌盛的标志。

滕王阁因滕王李元婴而得名，因王勃的《滕王阁序》而载誉古今。而绳金塔的得名，也是有故事的。相传唐天祐年间，高僧唯一在古城南开基，筹建千福寺，欣获吉祥之兆——掘地时，竟得铁函，函外绕四匝金绳，内有古剑三把，舍利三百颗，青红间错，其光莹然。于是，建宝塔以藏舍利，并改千福寺为绳金塔院，绳金塔因此而得名。此塔历经兴废，两次重建，六次重修。1989 年 10 月，塔身木构全部朽颓之古刹，修葺竣工，面目焕然。修复如旧之塔，八面七层，高 50.86 米，底围周长 33.8 米，塔顶为铜制鎏金，塔体青瓦黛脊，

朱栏粉墙，飞檐飘逸，得南方建筑之灵巧，是江南典型的砖木结构楼阁式宝塔。其建筑工艺与国内其他宝塔有所不同，塔身每层设四真四假门洞，上下相互错开，且形式各异，有月亮门、如意门、火焰门等。集诸多形式于一塔，这在中国宝塔建筑中亦不多见。塔内置有旋步梯直通塔的顶层，拾级而上，一层一天地。凭栏极目，远处青山时隐时现，城外江流犹如银练绕行，田野恰似织锦铺展，如画如诗。俯首而视，古城街市繁盛之景尽收眼底，真可谓"直视湖山千里道，下窥城郭万人家"，能让人进入到那种物宏而我微的境界之中。

古城南昌是一部厚重的典籍，"文笔峰"滕王阁与绳金塔也是耐人寻味、值得探究的历史教科书。千年的风云，沧桑的变化，古城的记忆，文化的传承，岂可遗而忘之！欣闻南昌市博物馆组织专业人员，编撰出版《天祐浮屠 坐镇江城——绳金塔》一书，薪火相传，实乃不朽之盛事。抚今追昔，浮想联翩，深夜挑灯，握管濡墨，写此短文，权以为序。

2018 年元月 16 日草于香樟居北窗

目录 / Contents

第一章　历史沿革

引 言

绳金塔是南昌市现存唯一的高层古建筑，江西省文物保护单位，它位于现南昌市西湖区站前西路南侧，绳金塔街以东，即南昌古城东南进贤门外张家山，与西北向古章江门外之滕王阁遥遥相望。

绳金塔地理位置图

绳金塔（2018 年摄）

绳金塔始建于唐代，至今已有1100余年，它是佛教在南昌广泛传播和发展的结果，在千余年的历史中，绳金塔始终与绳金塔寺紧密联系，休戚与共，是佛教舍利塔。绳金塔还是镇火消灾振兴文教的文峰宝塔。南昌人民对绳金塔有着深厚的感情，为灾祲永消，祯祥协应，人们捐施钱帛，共襄义举，屡兴庙塔；历代主政南昌之官府大员亦多以其"有关于民"，举力修缮。因之绳金塔能顽强屹峙，永镇江城。

有关绳金塔的史籍资料非常匮乏，尤其是明代之前。明代之后，史籍记载渐多，但对绳金塔的修建内容、建筑形制变化、佛教和寺院状况等情况皆不甚详细，给绳金塔的研究带来诸多困难。目前所知有关绳金塔的史籍有北宋乐史《太平寰宇记》、明宋濂《宋学士文集》、明范涞《万历新修南昌府志》、清陈弘绪《南昌郡乘》《江城名迹》、清尹继善谢旻《江西通志》、清朱棪《江城旧事》、清刘坤一《江西通志》、民国魏元旷《南昌县志》《南昌文征》等。

一、塔的缘起和佛教在南昌的传播

塔最早起源于印度，它是佛教的产物。公元前六世纪至五世纪，释迦牟尼在古印度创立佛教广为弘法，涅槃后弟子将其遗骸火化得到佛的真身舍利子。为示虔诚，众弟子在各地修建坟冢，将舍利分葬于其中供奉。坟冢的样式下为基台，台上建一覆钵形的坟，坟上立一尖刹，这就是印度佛塔最初的雏形，在梵语中这种建筑称为"stupa"，汉译为"窣堵坡""浮屠""浮图"等。

通常认为佛教传入中国始于东汉永平十年（67 年），史传汉明帝夜梦

"金人"，于是派使臣赴西域求学佛法，并延请高僧至京城洛阳，肇建了中国第一座佛教寺院——白马寺，自此，佛教开始在中国广泛传播。而古印度"窣堵坡"亦随之传入，并与中国传统的建筑相融合产生了中国最早的佛塔——楼阁式塔。此后，佛塔在中国发展出密檐式塔、亭阁式塔、喇嘛塔、花塔、金刚宝座塔、宝箧印经塔等多种形式，它们往往与佛寺联系紧密，"凡有佛寺的地方大多有塔"[1]。佛塔的主要用途是瘗藏佛舍利、佛经、佛像以及其他供养品等，具有佛教的象征意义。

随着时代的发展，本为佛塔的塔建筑逐渐被注入新的寓意和用途，出现风水塔、文峰塔、瞭望塔、灯塔等，有的甚至与佛教毫无关系。

佛教传入南昌始自东汉，据南朝梁代释慧皎所著《高僧传》载，东汉灵帝主政之末（大约在188年前后），安息（今伊朗）沙门安世高入赣弘法，并在豫章城东肇建东寺（后称"大安寺"），这是佛教僧徒在南昌弘法的最早记录，此后佛教在南昌迅速传播和发展。六朝是江西佛教的发展时期，众多中外僧徒来赣建寺立庙，讲经传法。东晋慧远驻锡庐山东林寺，使之声名远扬，成净土宗祖庭。南昌为江西三个佛教中心之一[2]，新建僧寺众多。据史籍载，此时在南昌肇建的佛寺有禅居寺（后名隆兴院、普贤寺）、大佛寺（后名开元寺、上篮寺、佑清寺、佑民寺等）、天成寺（后名南海行宫）、琉璃寺（后名延庆寺）、市林寺、圆

觉寺、菩提寺、百福寺、观音寺、毗庐禅院、资福寺、香城寺、常缘寺（后名洪井寺、翠岩寺等）等等。南昌最为著名的普贤寺、佑民寺即是此时所建。

二、唐末绳金塔的创建

唐代江西是全国佛教传播的重要地区，高僧名刹众多，南昌佛教亦发展到鼎盛阶段。此时禅宗大兴，寺院林立，同时，佛寺以前所未有的规模迅速扩展到周边乡里。据清康熙二年陈弘绪《南昌郡乘》、雍正七年尹继善、谢旻纂修《江西通志》、民国魏元旷《南昌县志》载，新建的佛寺有总持院（寺）、千福寺（即绳金塔寺）、九莲寺、应天寺（又名掬林寺、太定寺）、真觉寺、真寂寺、佛头塔寺、清泰寺、化度寺、望仙寺、崇胜寺、释迦寺、大悲寺、光孝寺、云堂院（寺）、极乐寺、荐福寺等数十座，大道高僧亦纷纷云集南昌。马祖道一得南禅怀让衣钵，在游历福建江西等多地后，最终驻于开元寺（今佑民寺），广为弘法，开创禅宗之"洪州宗"。洪州宗上承禅宗六祖慧能思想，下启后期禅宗临济、沩仰宗之先河[3]，在中国佛教发展史上影响巨大，被誉为"中国禅宗的真正代表之一"，马祖亦为"洪州宗的祖师"。

唐代南昌地方长官对佛教亦是非常尊崇。唐会昌年间江西观察使裴休曾延请临济宗之高僧希运至隆兴院

[1] 罗哲文《古塔掫谈》
[2] 刘丽芳《六朝江西佛教及其相关问题研究》，2011年5月江西师范大学硕士研究生学位论文
[3] 赵政萍《浅谈马祖道一之教化思想》，《五台山研究》2003年第3期

（即普贤寺）讲经说法[4]。钟传主政江西和南昌期间，修建寺庙，交好高僧，甚至连带兵出征亦必祷佛而行，"传凡出军攻战。必祷佛祠"[5]。高官显贵大肆崇佛，客观上对佛教在南昌的传播发展起了推波助澜的作用。在此背景之下绳金塔寺及绳金塔于唐天祐年间（904-907年）在洪州古城

唐灰陶樽（1987年绳金塔地宫出土）

外之东南创建。

绳金塔始建有一个神奇的传说，《太平寰宇记》载："绳金塔寺，唐天祐间建塔，相传掘地得铁函，剑三、金瓶舍利三百"[6]；宋濂《重建绳金宝塔院碑》[7]："南昌之城南有佛刹曰千福，相传唐天祐中异僧惟一之所建也。当经营之初，发地得铁函，四周金绳界道，中有古剑一，设（舍）利三百余颗，青红间错，其光烨然。于是建宝塔，取设（舍）利藏焉，改千福为绳金塔院"。

绳金塔因掘地得金绳、舍利，因而建塔立庙，舍利对于佛塔佛寺而言具有非常重要的意义。塔建筑源于佛教，最初是用来埋藏佛陀舍利子，佛门典籍中有公元前三世纪古印度阿育王集八国佛真身舍利分成八万四千份，送至世界各地佛塔中供奉之说。《法苑珠林》载，中国有十九座佛祖真身舍利塔，其中陕西扶风法门寺塔

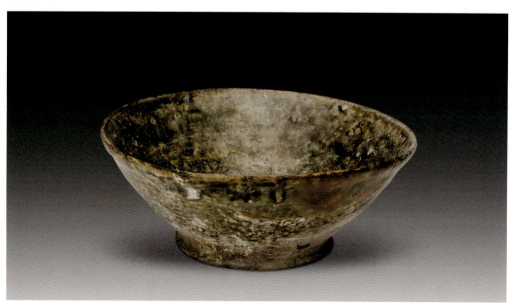

唐青釉敞口碗（1987年绳金塔地宫出土）

[4] 清陈弘绪《江城名迹》卷三、证今一、普贤寺
[5] 清陈梦雷《古今图书集成》神异典释教部纪事、卷上
[6] 宋乐史《太平寰宇记》卷之一百〇六、江南西道四、洪州
[7] 明宋濂《宋学士文集》卷第二十三、翰苑续集、卷之三

和江苏南京大报恩寺遗址暨北宋长干寺真身塔皆藏有佛真身舍利，佛塔中藏有真身舍利是佛塔和佛寺最高等级无上崇高的标志。佛陀舍利毕竟有限，但也可以用其他物品代替。"若无舍利，以金、银、琉璃、水晶、玛瑙、玻璃众宝造作舍利……行者无力者，则到大海边拾清净沙石即为舍利，亦用药草、竹木根节造为舍利。" [8] 可见供奉舍利对于佛塔的重要，某种角度上可以说，凡建寺塔，必有舍利。

千福寺肇建后，寺僧及信徒为了供奉佛祖，表达对佛教的虔诚，同时也是为扩大千福寺在佛门的影响，于是虚构了掘地得铁函、金绳、舍利的传说。对传说而言，得"舍利"和"金绳"的意义最为关键，"得舍利而藏焉"是建塔建寺供奉佛祖的需要；得"金绳"则塔自此有名，曰"绳金塔"。又寺以塔名，"改千福为绳金塔院"。

关于唐末绳金塔的创建，清代朱栾撰《江城旧事》辑录了清代诗人蒋知让《妙吉祥斋诗钞》中的《绳金寺塔唐砖》歌，摘录如下 [9]：

"唐砖蒋知让《妙吉祥齐诗钞》有《绳金寺塔唐砖》歌云：绳金寺旧千佛院，宝塔自唐天祐建。塔基砖出深土中，监制者谁尉迟恭。恭官未尝领将作，有唐建置尽恭托。陶户岂必皆善书，笔踪大似刘君谔。贞观十五年，刘君谔正书《李先生》，碑字体极类。……佞佛心力异吴越，谁捐钱帛开宝坊。得毋元奖演法岁，相轮已见标穹苍。金石失考文献阙，地志卤莽多荒唐。释徒典故讵轻重，贤迹显

晦宜斟量。……虚牖手揭砖铭字，著书读书嗟不易。作诗敢继赵欧洪，原告有心司土吏。 乐。 案：尉迟恭系太宗功臣，天祐为昭宗昭宣二帝元号，距太宗贞观已二百三十余年，此尉迟恭必昭宣二帝时同姓名者。注引，贞观十五年刘君谔正书《李先生碑》，字体极类，何知其一不知其二也？又案顾炎武《金石文字记》，山东河北寺院多云创自敬德，或谓是尉迟敬德，京师《鹫峰寺碑》曰："宫官张功，谨敬德"。考，敬德本传及《神道碑》，并无镇幽州事，亦不当列于宫官之下也。后阅某氏次多录云案，"敬德上不书姓"，而吾江西绳金塔、莲池寺二处皆著敬德监造，疑即后人熏沐敬书之意，非人名也，似得之。至澹台子见梦钟传，已见《太平广记》，其书刻于宋初，安得谓"产""羽"字误，文间沿讹？况梦中明见貌如子路为子羽之证乎？诗人妄论往往如此。

蒋知让，字师退，江西铅山人。乾隆丙申（乾隆四十一年，即1776年）乡试举人，官唐县（今河北省保定唐县）知县 [10]。

蒋知让在《绳金寺塔唐砖》歌中，主要谈及两件事。其一，绳金塔塔基中出土了唐砖，上有监制人"尉迟恭"名款，字体极类刘君谔书《李先生碑》正体。他认为有唐一代皆好伪托尉迟恭之款，此砖上"尉迟恭"名款亦是当时人的伪托之作。其二，洪州佞佛比之吴越更甚，不知何人捐俸钱帛修建了绳金宝塔，并认为后世地志中有关建绳金塔的"释徒典故"（注：

[8] 见《如意宝珠金轮咒王经》
[9] 清朱栾《江城旧事》卷五、唐砖
[10] 见徐世昌（1918年选为民国大总统）《晚晴簃诗汇》

蒋知让歌中"释徒典故"应指异僧惟一掘地建绳金塔之说）有失考证，是鲁莽而荒唐的。为说明史志失考，蒋知让还举证了宋代程文简【笔者注：即程大昌】将汉代南昌人唐檀（字子产）墓，误作孔子弟子澹台灭明（字子羽）之墓而修建澹台祠之谬误，以及宋乐史《太平寰宇记》的错误等。

对于唐砖上"尉迟恭"字款，朱棻认为不是唐末人伪托，而是唐末监造塔砖人与尉迟恭为同名同姓，但他对绳金塔基出土过"唐砖"亦未否认。

据佟国勷《重建绳金塔碑记》[11]记载，清康熙四十八年（1709）绳金塔"全仆于地"，康熙五十二年（1713

年），巡抚佟国勷筹资重建绳金塔。佟国勷在碑记中虽然未提及是否出土过唐砖之事，但是康熙绳金塔是建在前代塔基之上，这已被20世纪80年代重修绳金塔时所证实。蒋知让生活的年代大约为清代乾隆年间，正是在清康熙五十二年刚刚重建绳金塔之后，时间相去不远，《绳金寺塔唐砖》歌中云："虚脠手揭砖铭字"，明确说明蒋知让曾亲自拓拓唐砖上的款字。因此，在绳金塔"塔基深土中"发现前代"唐砖"是完全有可能的，也印证了绳金塔始建于唐末之说。遗憾的是，经过三百余年时光，唐砖至今早已湮没，不见踪影。

[11] 民国魏元旷《南昌文征》卷十七、记五

宋"皇宋金院"款青砖（1987年绳金塔塔基出土）

明"金院造塔僧"款青砖（1987年绳金塔塔基出土）

明"绳金院僧惟一立"款佛像青砖（1987年绳金塔塔基出土）

明"绳金院积善坊"款佛像青砖（1987年绳金塔塔基出土）

初建时的绳金塔为佛教舍利塔，明宋濂《重建绳金宝塔院碑》记曰："落成之日，爇旃檀香，香气馥结，空濛中僧伽大士显形于其上，正与塔轮相直，万目咸观"，据此可知绳金塔应为相轮式塔刹。因史料所限，其他建筑形制不详。

三、宋代绳金塔的维修

北宋时南昌属江南西路（宋初开宝八年置），为洪州。入南宋后，隆兴元年（1163年）南昌改为隆兴府。

宋代绳金塔的具体情况，目前仅见明初宋濂《重建绳金宝塔院碑》中有载，较为简单，内容如下：

"……宋治平乙巳，知军州事程公某以其有关于民，最为吉征，鸠钱二十五万修之。绍兴庚午，尚书张公某来佩郡符，倡众浮葺之。一旦，塔影倒现于治工游氏家，上广下锐，层级明朗，宝轮重盖，一一具足……"

"宋治平乙巳"即北宋英宗治平二年，1065年，而查考史籍，所谓北宋洪州知州"程公某"，唯有程师孟一人，因此宋濂《碑记》之记当是指"知军州事"程师孟于北宋治平二年重修了绳金塔。事实果真如此吗？

据《宋史》卷三百三十一、列传第九十、"程师孟"载，程师孟在江西有过三次为官经历，即"累知南康军""为度支判官，知洪州""出为江西转运使"。但宋史中对程师孟知洪州具体时间皆语焉不详，未予明确。

查考江西及南昌方志，程师孟知洪州的具体年代，有的同样没有明确，有的虽有提及，但各种史志说法不一，甚至相互矛盾。综合起来主要有三种说法：

其一，北宋仁宗皇祐年间之说。明万历范涞、章潢纂《新修南昌府志》"府职官沿革"表中，程师孟为知州是宋仁宗至和之前，即皇祐年间[12]；清光绪刘坤一修《江西通志》载，程师孟为"皇祐中又以度支判官知洪州"[13]。

其二，北宋仁宗嘉祐年间之说。清乾隆五十四年即1789年，谢启昆、陈兰森修《南昌府志》中载"程师孟嘉祐中任"[14]；清陈弘绪《江城名迹记》，"豫章沟亭：在府城故望云堤上，宋嘉祐中知洪州程师孟建"[15]；清道光九年朱栞铁梅纂《江城旧事》，"程师孟建物华楼：府学右洗马池上有宋嘉祐中知洪州程师孟创建物华楼……"[16]又《江城旧事》，"程师孟浚豫章沟：名迹记豫章沟亭在望云堤上，宋程师孟建。杨杰记案，宋史嘉祐间师孟知洪州，浚章沟，揭北闸以节水升降，时无水患，今湮……"[17]

其三，北宋英宗治平年间说。除宋濂在《重建绳金宝塔院碑》中记程师孟为治平二年洪州知州外，清陈弘绪《江城名迹记》，"物华楼，在府城南洗马池，宋治平间知洪州程师孟建"[18]。

因此，总的来说，程师孟在江西尤其是在洪州为官的经历和年代较为模糊，莫衷一是。奇怪的是，连清陈弘绪所作《江城名迹记》中对程师孟

[12] 明万历范涞、章潢修《新修南昌府志》卷十二、府职官沿革
[13] 清光绪刘坤一修《江西通志》卷九、职官表九、宋一
[14] 清乾隆五十四年谢启昆、陈兰森修《南昌府志》卷三十、职官一
[15] 清陈弘绪《江城名迹记》卷二、考古二
[16] 清朱栞《江城旧事》卷七
[17] 同上
[18] 清陈弘绪《江城名迹记》卷二、考古二

任洪州知州时间亦前后说法不一，互为矛盾。

那么程师孟知洪州到底是何时呢？

程师孟是江苏吴（今苏州）人，明王鏊撰《姑苏志》及清同治《苏州通志》中皆有其传记，尤其是《姑苏志》，对程师孟的生平事迹及为官经历有较为详细的记述可资参考："……师孟起进士，……庆历中……以师孟荐知南康军，楚、遂二州，提点夔路刑狱……召为三司度支判官，居一岁知洪州，岁积薪，为江堤……英宗即位，召判三司都磨勘司，委以商度河北四榷场厉害，师孟请减物直偿阁欠以来北贾。接伴契丹使……使还除利路转运使，改江西路，盗发袁州……"[19]

从文中我们可以知道程师孟在江西为官的几个重要时间节点：一、在庆历中，程师孟知南康军。二、召为三司度支判官一年后，知洪州；三、英宗即位，召判三司都磨勘司；四、接伴契丹使后，为江西转运使。又，据明万历范涞、章潢纂《新修南昌府志》、清光绪刘坤一修《江西通志》载，程师孟皇祐中为度支判官（见上文）。因此可知，程师孟知洪州应为英宗即位治平元年之前，也就是其于皇祐年间为度支判官后过了一年。英宗即位后，最迟在治平元年程师孟已经履新赴任为三司都磨勘司，离开洪州，并接伴契丹使，与萧惟辅有一番义正词严的交锋。之后，程师孟虽然再次来江西为官，但已非知州，而是"出为

江西转运使"。因此，程师孟任洪州知州时间应是英宗即位之前的皇祐至嘉祐年间，而并非治平二年。

治平二年洪州知州既非程师孟，那又是谁呢？其实，史志中明确记载的是施元长。

明万历范涞、章潢纂《新修南昌府志》卷十二、府职官沿革载，"英宗治平二年，施元长，尚书刑部郎中任（洪州知州）"；

清雍正七年尹继善、谢旻修《江西通志》卷四十六、秩官、宋，"施元长，治平二年以兵部郎中任（洪州知州）"；

清乾隆五十四年谢启昆、陈兰森修《南昌府志》卷三十、职官一："施元长，治平二年以兵部郎中任，迁学于治东南"；

另外，据清光绪刘坤一修《江西通志》卷九、职官表九、宋一中载，"施元长，兵部郎中知洪州，治平元年任"。

总之，从上述史志所载史实看，我们有理由断定，北宋治平二年洪州知州并非程师孟，而是施元长。因此我们认为，宋濂《重建绳金宝塔院碑》中"宋治平乙巳知军州事程公某"重修绳金塔之记有误，而北宋时重修绳金塔的事实有两种可能，或者是程师孟所修，但不是治平二年；或者是治平二年所修，但主持并不是程师孟而是施元长，二者必居其一。

施元长，字景仁，宛陵（今安徽宣城）人，宋天圣五年（1027年）进士，曾任饶州推官，两浙提点刑狱，洪州知州，后官兵部郎中。施元长知

[19] 明王鏊撰《姑苏志》卷四十九、人物七、"名臣"

[20]《宁国府志 下》卷二十七、人物志、宦绩。洪亮吉，凌廷堪，宣城市地方志办公室，合肥：黄山书社 2007 年第 1869 页

[21] 明万历范涞、章潢纂《新修南昌府志》卷之十、学校

[22] 陈庆元《程师孟诗考》，《古籍研究》2000 年第 4 期

[23]《宋史》卷一百八十五、循吏、程师孟

[24]《宋史》列传第九十、程师孟

[25] 明嘉靖林庭㭿、周广修《江西通志》卷三、藩省、名宦

[26]《嘉兴大藏经》护法录、"佛心慈济妙辨大师别峰同公塔铭"

[27] 程生民《宋代物价研究》人民出版社 2008 年 11 月第一版，第 97 页至第 101 页

[28] 程生民《宋代物价研究》人民出版社 2008 年 11 月第一版，第 99 页

洪州时兴学重教，"建学校，定章程，务以德义镇俗"[20]，曾于治平二年迁儒学于州治之东南，即明代时南昌府治南，洗马池东明堂路北[21]。施元长是否于治平二年其任洪州知州时重修绳金塔，史志中没有相关记载，但不能轻易否认。

程师孟，字公辟，吴（今江苏苏州）人，进士出身，生卒年为 1009 至 1086 年[22]。程师孟是北宋名吏，《宋史》循吏列传中有其专门传记。他曾在今江西、福建、广东、浙江等多地为官，赈济灾民，兴修水利，执法严明，惩治贼匪恶霸，勤政廉洁，刚正大义，一生政绩卓著，深得朝廷嘉许和百姓爱戴，"洪、福、广、越为生立祠"[23]。在任洪州时，水灾频发，他组织州民"积石为江堤，浚章沟，揭北闸以节水升降，后无水患"[24]，吏民感之，"乞立生祠，师孟固止之。民往往自为肖像，取其尤肖者置于院堂之东。及去，相与遮留，数日乃得行"[25]。

关于程师孟，史籍记载颇多，除明宋濂《重建绳金宝塔院碑》外，其他所有史籍包括江西及南昌方志中同样没有其重修绳金塔的记载，但其生平及为官经历中却多有崇佛礼佛的事迹记载。宋时江西是南方佛教传播的重要地区，禅宗形成"五家七宗"，庐山为净土宗祖庭，佛教繁盛。据《释氏稽古略》卷四载，圆通居讷禅师游历庐山，"道望日重"，时南康太守程师孟亲自请圆通归宗庐山。皇祐初年，内侍李允宁奏施汴宅，创兴禅席，仁宗赐"十方净因禅院"，"诏下三省，

定议召有道者住持"，欧阳修、程师孟又奏请庐山圆通禅师，后圆通以目疾推辞而举荐其他高僧，可见程师孟与圆通禅师的了解和交好非同一般。同时，程师孟还曾修建过塔庙。《嘉兴大藏经》护法录、"佛心慈济妙辨大师别峰同公塔铭"铭文载，"程师孟汪仲举二郡守有修建塔庙之勋，立五贤祠以世祀焉"[26]。在程师孟所作诗词中亦有诸多与佛门相关的诗句。因此，从程师孟礼佛崇佛的角度，加之绳金塔"有关于民，最为吉征"，如果是程师孟重修绳金塔那是顺理成章大概率的事情。

总之，北宋主持重修绳金塔的是程师孟还是施元长，或者另有他人，是否是治平二年即 1065 年还有待于进一步考证。

宋濂《重建绳金宝塔院碑》记曰，"宋治平乙巳，知军州事程公某以其有关于民，最为吉征，鸠钱二十五万修之"。二十五万（指缗钱，即 250 贯）缗钱在宋代是什么物价水平？重修绳金塔时能做什么？对于这些问题，我们可以在程生民先生的《宋代物价研究》一书中找到答案。程生民先生在《宋代物价研究》中，对北宋南宋期间社会生活各个方面的物价经济情况进行了科学系统详尽的研究，具有非常重要的研究价值和标准性的参考意义。在对宋代佛塔建筑建造和修缮物价情况[27]，甚至在人力成本、材料成本等方面都有专门的论述。他指出："北宋时期高塔的造价，少者 1000 贯，多者 30 万贯"[28]，而重修塔，125 贯

至 250 贯只能重修塔的"一面"或"两面"[29]，当然这里"面"字的概念比较模糊。根据其研究资料和结果，"鸠钱二十五万"重修绳金塔，说明其时绳金塔整体情况尚可，但已经出现局部"一面"或"两面"较为严重的毁坏。绳金塔始建于唐末天祐年间（904—907 年），至北宋皇祐至嘉祐或治平年间，至少已有 142 年以上，年代久远加上各种原因，出现毁坏情况也属正常。至于具体毁坏情况究竟是指塔体墙面、楼层还是其他，我们不得而知，还有待于考证。

南宋绍兴庚午年（1150 年）重修绳金塔之"尚书张公"，应为洪州知州张宗元。明范涞纂《（万历）新修南昌府志》卷十二、"府职官沿革"有载，南宋绍兴庚午年（即绍兴二十年）洪州知州为"龙图阁直学士、左大中大夫"张宗元。张宗元，字渊道，方城人（今河南南阳方城）[30]，与南宋著名抗金将领岳飞是同时代人物，在当时朝廷及川陕、湖北、湖南、广西、福建等多地为官，曾任尚书兵部侍郎、宝文阁直学士、左朝议大夫等职。知洪州后，绍兴二十五年曾为秦桧所诬下狱，秦桧死乃免。

据宋濂《院碑》"绍兴庚午尚书张公某来佩郡符……一旦，塔影倒现于治工游氏家，上广下锐，层级明朗，宝轮重盖，一一具足"可知，宋代绳金塔为多层宝塔，塔身由塔基向上逐层收分缩小，塔顶为相轮式塔刹，有宝轮、重盖，具有典型的佛教象征意义。其他建筑形制、层高等情况皆不详。

1988 年南昌市人民政府再次重修绳金塔时，在现存塔基外地坪下填埋土层中，发现了宋代铭文青砖，砖侧

宋代乳钉雷纹铜簋（1987 年绳金塔地宫出土）

[29] 程生民《宋代物价研究》人民出版社 2008 年 11 月第一版，第 99 至第 100 页
[30] 清汪森《粤西文载》卷六十三、传、名宦

"皇宋金院造"款青砖（1987年绳金塔塔基出土）

印有"皇宋金院造""绳金院皇宋"字款。塔基之下亦发现有"隆兴"字样铭文砖，惜因砖在塔基础之下，未能取出。"皇宋"及"隆兴"款铭文砖的发现，为研究宋代绳金塔及寺院历史提供了重要的实物资料。

四、元末绳金塔的凋敝

元代前期绳金塔沿袭唐宋以来的建筑形制，绳金塔寺亦平稳发展。宋末元初著名理学、经学、教育家吴澄在南昌（时称龙兴路）时，曾赋诗两首，诗中有提及绳金塔（见本书第五章"历代诗文"）。另外绳金塔院寺内曾有宋末元初大书法家赵孟頫书法碑刻，"旧有赵松雪碑，郡人推为墨宝"[31]，惜已不存。元末农民起义爆发，逐渐形成多地起义割据势力。为争夺地盘，朱元璋和陈友谅大战南昌，绳金塔院

[31] 清陈弘绪《江城名迹》卷三、绳金塔寺；清未栾纂《江城旧事》卷五、塔纪谣；民国魏元旷《南昌县志》卷五十八、古迹志中、绳金塔寺

[32] 清谷应泰《明史纪事本末》卷三

[33]《明史》列传第十四、邓愈

[34] 清谷应泰《明史纪事本末》卷三

和绳金塔遭到严重破坏。

据宋濂《重建绳金宝塔院碑》载，"元至正壬寅，戎马纷纭，院宇鞠为榴翳"。1363年4月，陈友谅率军60万围攻南昌，朱文正按朱元璋命令御敌死守，历史上规模宏大的南昌争夺战就此打响，史载"友谅围南昌凡八十有五日"[32]。双方主要围绕南昌城墙往来攻守，时南昌抚州门（明初以后改名为进贤门）外地势最高，且有高耸入云的绳金塔，在绳金塔上可直接俯瞰城墙及城内驻兵防守军情，战略位置和军事意义重大，因此首先成为陈友谅大军占领的要地，是双方攻防争夺的重点。史籍载，围绕着抚州门、宫步门、寺步门的攻守最为激烈，伤亡惨重。"其明年，友谅众六十万入寇，楼船高与城等，乘涨直抵城下，围数百重。愈（指邓愈）分守抚州门，当要冲。友谅亲督众来攻，城坏且三十余丈，愈且筑且战。敌攻益急，昼夜不解甲者三月"[33]。"友谅亲督兵攻抚州门，兵各载竹盾如箕状，以御矢石，极力来攻，城坏二十余丈。邓愈以火铳击退其兵。随竖木栅，贼争栅，文正督诸将死战，且战且筑，通夕复完。……五月丙子，友谅复攻新城门……"[34] 由此可见围绕城南抚州门战争的激烈。

陈友谅围攻南昌城，"戎马纷纭"。具有得天独厚地理位置和高度的绳金塔和绳金塔寺岂能幸免，一时佛门净地亦同时惨遭兵火蹂躏，寺僧四散逃离，"院宇鞠为榴翳"，破败不堪。万幸的是绳金塔虽"瓴甓亦且摧剥殆

尽"，但仍然顽强地矗立在南昌城外，"岿然独存"。

较为详细的记载（见本书第四章"明清碑记"）。

我们认为，明初洪武元年（1368年）由院僧发起的修建绳金塔，应是重修而不是重建，详细论述见本书《明初绳金塔的修建》一文。

五、明代绳金塔的重修与"异僧惟一"

1363年4月陈友谅围攻南昌，7月南昌解围，8月陈友谅在鄱阳湖大战中战败身死后，南昌及江西尽归朱元璋，自此南昌复归宁静祥和，绳金塔寺僧渐复。1365年夏6月（指夏历，下述月份同此）至1374年11月，院僧自贵、匡弘、善慧及道溟四僧筹资费时9年主持重建了整个绳金塔院。有关明代绳金塔及绳金塔寺的修建情况，宋濂《重建绳金宝塔院碑》中有

据宋濂《院碑》之记，1365年夏6月院僧自贵及弟子匡弘、同袍善慧筹资在寺院东偏修建库堂。明洪武元年（1368年）夏4月，道溟等四僧在塔前发愿，"誓尽今生"修建塔庙，并"持历走民间"，化施钱帛。4月之癸丑日正式开始重修绳金塔，至11月甲子日全部完工，历时7个月。1369年冬12月至1374年11月，院僧继续以"施者之财"造释迦宝殿一所（奉三世诸佛）、殿后屋三楹间、

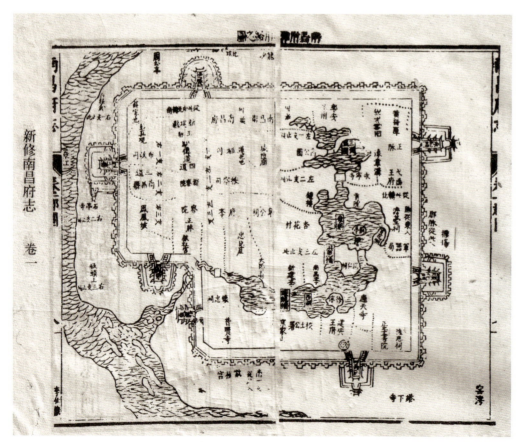

明代（万历）塔下寺地理位置图

僧伽之殿（奉文殊、普贤、观音菩萨）、两边廊庑及寺院三门，门内还建造了放生池，池水"绀绿可鉴"，寺院颇具规模。

重修后的绳金塔为砖木楼阁式塔，七层六面。塔前建有一佛殿，供奉异僧"僧伽大士"，塔内顶绘有帝网宝珠、菩萨诸像等，栩栩如生。塔身外有腰檐及平座栏槛，飞檐翘角，悬挂风铎，塔顶为相轮式塔刹。塔每

明"叶文臻舍壹万口" 惟一款青砖
（1987 年绳金塔地基出土）

层辟有壶门，壶门外通平座栏杆，从塔内步梯可旋级而上，直达顶层，俯瞰南昌府城。此为有关绳金塔详细具体形制的首次描述和记载。

值得注意的是，宋濂《重建绳金宝塔院碑》中首次出现"异僧惟一"之记载。查考史籍，晚唐、五代、宋、元时期有关绳金塔的文献资料非常

少，目前仅见北宋乐史《太平寰宇记》，其后有宋濂《重建绳金宝塔院碑》。《太平寰宇记》载，"绳金塔寺：唐天祐间建塔，相传掘地得铁函，剑三，金瓶舍利三百"[35]。比较乐史《太平寰宇记》和宋濂碑记中始建绳金塔的传说，两者稍有差异。最主要的差异是，前者为"剑三"，未有"异僧惟一"掘地说法；而后者是"四周金绳界道"，"剑一"，且明确为"异僧惟一"掘地。两者前后说法都是掘地得宝物而建塔之说，稍有差异，但最重要的是明初宋濂碑记中始出现"异僧惟一掘地"。此后明清至民国各种版本的江西通志、南昌府志、县志等史籍，以及多次修建绳金塔碑记中皆沿用"异僧惟一"掘地、"金绳四匝，剑三"建塔传说。

关于"异僧惟一"是否真有其人，查考明代之前的史籍，并未发现其相关的史实记载。古代大志、方志以及佛门典籍中有关释佛大德高僧的生平事迹甚至传说连篇累牍，有专门的章节，果有异僧惟一在洪州掘地得舍利金绳，当为轰动全国和佛门的大事，在各种载记中亦必然有迹可循。然而晚唐五代至宋元 460 余年来，所有文献中皆不见有关"异僧惟一"及其建塔的只言片语。明初重修绳金塔后，"异僧惟一"始见诸史籍，但也仅限于绳金塔始建传说，而无其详细具体的生平事迹传记。因此我们认为"异僧惟一"当为绳金塔院在元末极其凋敝衰落的背景下，明初院僧重修绳金塔，重建整个绳金塔寺院，为振兴寺

[35] 宋乐史《太平寰宇记》卷之一百〇六、江南西道四、"洪州"。中华书局 2007 年 11 月第一版，第 2106 页

明绳金塔青砖佛像拓片

院弘扬佛法时虚构，而虚构为"异僧惟一"的主要目的一方面是出于对佛教的崇拜，更重要的是因为佛教源自异域，"异僧惟一"代表着佛教宗派源流的正宗唯一和佛学水平的至高伟大，从而抬高绳金塔院在佛门中的地位，扩大其影响，广为传法，振兴绳金塔院。宋濂《重建绳金宝塔院碑》中"空濛中僧伽大士显形于其上，正与塔轮相直，万目咸观，君子疑异僧盖大士之幻化"，正是此含义的写照。

1988年南昌市政府重修绳金塔时，在塔地基中出土有宋代和明代铭砖计十余块。宋代铭文砖上皆没有"异僧惟一"款或佛像，而明代则有"异僧惟一立"多款佛像铭文青砖。一般

砖一侧印有"绳金院□□教化造塔僧惟一立"款字，另一侧印有一佛像，佛像着右衽对襟僧服，结跏趺坐，头、身后有圆形背光。有的砖平铺面还印有"积善坊""崇仁坊""政德□"款字，应为制砖作坊名称。"异僧惟一"款佛像铭文青砖的发现印证了"异僧惟一"之说始自明代，是研究绳金塔及绳金塔寺重要的实物资料。

六、清代绳金塔的重建和修缮

1. 清康熙五十二年（1713年）佟国勷主持重建

明代以后朝廷和官府大力倡修方

明"绳金院僧惟一立"款佛像青砖（1987年绳金塔地基出土）

明"绳金院崇仁坊"款佛像青砖（1987年绳金塔地基出土）

明"绳金院政德"款佛像青砖（1987年绳金塔地基出土）

明"绳金院积善坊"款佛像青砖（1987年绳金塔地基出土）

志，加之出版印刷技术的成熟和发展，客观上提供了便利条件，至清代全国各地史志得到空前的繁荣，江西及省会南昌的省志、府志、县志等也较为丰富，有关绳金塔的记载渐多。清康熙五十二年重建绳金塔见有佟国勤《重建绳金塔碑记》，详文见本书第四章"明清碑记"。

据佟国勤《重建绳金塔碑记》，清康熙四十八年（1709年）绳金塔轰然倒塌，这座始建于唐末，经南唐、宋、元、明至清康熙晚期，历时800余年的古塔毁于一旦，"无一瓦一椽之存矣"。

[36] 邓刚《陈弘绪年谱》，《江西教育学院学报》1989年第3期

实际上在清康熙四十八年之前，绳金塔整个塔身已经倾斜，有即将倒塌的迹象，非常危险。据清陈弘绪纂《江城名迹》卷三、"绳金塔寺"载："顷岁，戊己之变相轮渐偏，不可不加意预防也"。陈弘绪是明末清初文学家、史学家、藏书家，曾在明末为官，入清后屡荐不仕，隐居章江。其生卒年月为明万历二十五年（1597年）至清康熙四年（1665年）间[36]。《江城名迹》是陈弘绪所纂有关南昌府城历史名胜考证的史籍，对南昌历史的研究具有重要的参考价值。书中有关绳金塔寺的记载言，"戊己之变"时，

绳金塔塔体已经倾斜，有倒塌的危险。

"戊己"并不是完整确切的干支纪年，以戊、己为天干的纪年无限循环，时间跨度可以很大，而"戊己之变"具体是指何时呢？

明初绳金塔重修之后，"百尺浮屠"绳金塔为府城南昌之大观，百姓呼童携老争相登塔，文人墨客亦纷纷拾级凌虚，一览干冲云霄下窥城郭之美景，畅抒胸怀，留下千古佳句。至万历年间，范涞纂《新修南昌府志》"绳金塔寺"曰："绳金塔院。旧名千佛院，在进贤门外。元季兵燹，洪武初重建。……圆觉寺，在蓼洲，今并归塔下寺……市林寺，在进贤门外左，今并归塔下寺"[37]，志中并未有绳金塔倾斜之记。熊明遇《绳金塔寺》[38]诗："城南杰构法王宫，宝塔标长插太空……辛卯（笔者注，辛卯为明万历十九年即1591年，时年熊明遇12岁）读书寺中，至辛酉（即天启元年即1621年，熊明遇42岁）三十年止一老僧在耳"，诗中同样未言绳金塔有异，可见直至明万历天启年间，绳金塔仍可正常登临眺望。因此，笔者认为，陈弘绪"戊己之变"当为明天启年间之后，可能与陈弘绪生活年代的时局以及重大历史事件有关。根据陈弘绪生平年月及明末清初的历史，"戊己之变"所指时间，应为清初顺治五年（戊子年，南明永历二年，1648年）至顺治六年（己丑年，1649年），此时在南昌发生了金声桓、王得仁反清复明，南昌城内外战火纷飞生灵涂炭的重大事件。

据民国魏元旷《南昌县志》记载，金声桓原为明左良玉部将，后升至营总兵。清顺治二年（1645年）四月，清英亲王阿济格追剿李自成军至九江，金声桓主动请求收复江西以自效，得许。6月19日（夏历，下同）金与王体忠（李自成部将）取南昌。8月，金矫杀王体忠，以王体忠部下王得仁领其众。此后，金声桓与王得仁"未费满州一矢斗粮，孤军传檄，取十三府，七十二州县"[39]，江西之地除赣州等地外尽归大清。金声桓与王得仁自以为不世之功，本指望清廷封王封侯，然"疏还仅授（金声桓）副总兵而得仁不列衔"，金声桓与王得仁心生不满，加之南明旧将策反，于是，二人率军于清顺治五年（1648年）正月，在南昌举兵起义，反清复明。

清廷得知金、王反叛后，迅速调集军队赴江西围剿，金声桓王得仁由于军事战略失误，退守南昌。至七月清军围城南昌，驱掳民夫修壕沟，筑高台，造浮桥，劫掠奸淫妇女，死亡无数。顺治六年（1649年）正月，清军以红衣大炮猛攻南昌，城破，金声桓兵败投水自尽，王得仁被擒肢解。"是役也，除所杀及道死自经，死者十余万"，强掳壮丁筑土城、为沟池等，死者十七八，"妇女各旗分取之"，"所掠男女，一并斤卖，莫不悲号赴水，浮尸蔽江，天为厉霾"[40]，南昌古城暗淡无光，惨绝人寰。

金声桓、王得仁在南昌反清复明的"戊己之变"是南昌历史上的重大事件，清徐世溥《江变纪略》亦有详

[37] 明万历范涞、章潢《新修南昌府志》卷二十三、寺观
[38] 民国魏元旷《南昌邑乘诗征》卷四、七言律
[39] 清徐世溥《江变纪略》卷一
[40] 民国魏元旷《南昌县志》卷五十四、兵革

细记述，时人陈弘绪也当见证了这段历史，故此有"戊己之变"之说。据此可知，在清初顺治五年至六年（1648至1649年）间，绳金塔已经出现整体倾斜的情况，在坚持61年后，终于倒塌。

绳金塔倒塌的原因，除了年代久远外，其实还有一个最为重要的原因，即地震。地震对建筑造成的毁坏是显而易见的，尤其是对古塔这种高层建筑，"绝大多数塔的倒塌，都是因大地震造成的"[41]。国内古塔从古至今因地震而致塌毁的事例屡见不鲜，难以胜数，著名的陕西法门寺真身宝塔就因为历史上多次地震而在1981年8月塔身开裂、局部倒塌[42]。

据清雍正七年高其倬、谢旻修《江西通志》、民国魏元旷修《南昌县志》、民国赵尔巽《清史稿》等史籍记载，江西地区在明代尤其是弘治、正德后地震频发。经笔者粗略统计，明代以来至清康熙年间，300余年的时间内，江西范围内的地震共有30次，其中距南昌较近的高安、丰城、宜春、九江合计7次，南昌府城及附近地区合计7次。南昌及周边地震分别是[43]：

弘治七年（1494年）冬十一月南昌地震

正德六年（1511年）正月朔进贤地震

万历三年（1575年）南昌地震

万历三十二年（1604年）冬十月九日南昌地震

崇祯四年（1631年）秋七月十八日南昌地震

崇祯四年（1631年）冬十月十六日南昌又地震

康熙七年（1668年）夏六月南昌地震

而江西30次地震中，距离绳金塔倒塌时间最近的是康熙十五年、十九年，分别为婺源和庐陵；江西地区之外，康熙四十六年、四十七年苏州和嘉定也分别发生地震[44]。

频繁的地震导致塔基沉降不稳，塔身倾斜开裂，印证了陈弘绪清初绳金塔倾斜之说，加上数百年的风雨侵蚀，最终酿成绳金塔整体倒塌的悲剧。

佟国勷，字任庵，满洲镶黄旗人，康熙五十一年（1712年）十月至康熙五十六年（1717年）七月任江西巡抚[45]。上任伊始，他体察民情，遍访耆老，皆言绳金塔能镇火消灾。且南昌为豫章"十三郡屏翰之首"，绳金塔为"合省文峰"，可振兴文教。因此佟国勷"独任捐造鸠工庀材遴员董厥事"，并带头捐俸[46]，统费钱白金一万余两，重建绳金塔。重建自康熙五十二年（1713年）五月始，康熙五十三年（1714年）七月落成竣工，历时1年零2个月。

重建后的绳金塔为砖木结构楼阁式，七层八面，高十七丈六寸（注：约相当于54.592米），八方围圆共十丈一尺六寸（注：约相当于32.512米），塔内设有步梯，可直达顶层；塔外第二层以上有平座栏槛围绕。此时的塔与明代的形制相较，明显的变化是，外形平面由六边形改为了八边形，其他方面基本相同。康熙五十二年重建的绳金塔奠定了其后的基本形制，此

[41] 张驭寰《中国塔》，山西人民出版社2000年12月第1版
[42] 付升歧《明代真身宝塔与地震》，《文博》1993年第4期
[43] 清高其倬、尹继善、谢旻修《江西通志》卷一百〇七、祥异，以下月份指夏历
[44] 民国赵尔巽《清史稿》卷四十四、志十九
[45]《钦定八旗通志》卷三百四十、八旗大臣、题名二、各省巡抚
[46] 清同治《南昌县志》卷二、建置志上、公所、贡院、"重修贡院号舍记"

后至今 300 余年，七层八面楼阁式塔的形制一直延续。

2. 清乾隆二年（1737年）岳濬重修

清乾隆二年重修绳金塔，为江西巡抚岳濬主持，重修完成后岳濬撰《重修绳金塔碑记》，详见本书"明清碑记"。

岳濬（？－1753），四川成都人，清岳钟琪长子，以荫生入仕，初授西安同知，雍正七年授山东巡抚，在任

清康熙通宝铜钱（1987年绳金塔地宫出土）

11年"以和易为政，岁得屡丰，盗贼屏迹"。乾隆元年岳濬调抚江西，乾隆二年到任南昌[47]后重修绳金塔。抚治江西期间，岳濬还奏准朝廷免除南昌浮粮，修丰城江堤，行社仓，卓有政绩。之后岳濬在福建、广东、云南等地为官，也屡遭参劾，乾隆十八年卒。"濬任封疆近三十年，所至有声，不为子孙置田产，营官职，而年仅五十，人皆惜之"[48]。

由碑记中可知，乾隆二年岳濬调抚到任江西，当年冬之腊月，岳濬即主持重修绳金塔。重修绳金塔直接的原因是绳金塔又发生倾斜的状况，"是年冬，余历其地，见兹塔之势倾形，剥而惧覆，压之将为民患也"。此时距康熙五十二年重建绳金塔相去仅仅 24 年。

此次绳金塔倾斜的主要原因，可能与康熙五十二年重建时，塔基直接

[47] 民国赵尔巽《清史稿》卷十、本纪十、高宗本纪一
[48] 清《嘉庆重修一统志》卷三百八十六、成都府三、人物

清康熙蓝地白花冰梅纹盖罐（1987年绳金塔地宫出土）

建在前代塔基之上有关。现代南昌市人民政府重修绳金塔时，1987年设计施工单位在进行地基勘探后发现，清代塔基是直接建立在前代塔基之上的。而前代绳金塔为六边形，清代康熙时塔为八边形，形制、大小尺寸完全不同，加之塔基填埋土层较为松软，造成清康熙时塔基受力不均，发生沉降不稳情况，导致塔势倾斜。

岳濬重修绳金塔始于"丁巳之腊月（注：即农历乾隆二年，1737年12月，下同），落成于戊午之二月（注：即乾隆三年1738年2月）"，历时3个月，统费"白金一千三百两有奇"，皆为当时"绅士耆民富商大贾"所捐。重修的具体内容岳濬碑记中未载，因此不明。

对于此次重修绳金塔的具体时间，民国魏元旷修《南昌县志》卷五十八、古迹志、"绳金塔寺"中所载为乾隆四年（1739年），延至今日，

诸多资料及网络皆记为乾隆四年，实则有误，在此一并纠正。

3. 清乾隆二十年（1755年）胡宝瑔重修

胡宝瑔重修绳金塔见载于光绪六年曾国藩、刘坤一修《江西通志》[49]、民国魏元旷纂修《南昌县志》[50]等史籍，重修原因及具体内容不详。

胡宝瑔，字泰舒，江苏青浦县（原籍安徽歙县）人，雍正元年举人。在朝廷、山西、河南、江西多地为官。史载其抚饥民，理冤狱，劾贪吏，整关隘堤防，尤善治水。乾隆二十年、二十五年胡宝瑔两度抚治江西，曾治理丰城河堤，卓有成效。因黄河屡决堤泛滥成患，胡宝瑔两次从江西调河南，与裘曰修会勘，专门治理黄河。因其忠心耿耿，为政勤勉，其得乾隆帝嘉许，卒后，"加太子太保、兵部尚书，赐祭葬，谥恪靖"[51]。

[49] 清曾国藩、刘坤一《江西通志》卷一百二十一、胜迹略、寺观一、"绳金塔寺"
[50] 民国魏元旷《南昌县志》卷五十八、古迹志中、绳金塔寺。文中"二十年巡抚胡宝修"误漏"瑔"字
[51] 民国赵尔巽《清史稿》卷三百八、列传九十五

清乾隆通宝铜钱（1987年绳金塔地宫出土）

4. 清乾隆五十三年（1788年）额勒春铸铁水鼎镇火

额勒春铸铁水鼎置绳金塔以镇火，载于光绪六年刘坤一纂《江西通志》、民国魏元旷《南昌县志》等。魏元旷《南昌县志》载记如下：

"……（乾隆）五十三年按察使额勒春以城内外多火灾，仿袁州府宜春台水鼎铸铁如式，高二尺八寸，周围一丈一尺八寸，画列卦位，增水宿水兽，择用水年月日时，安建于塔之阳以镇火。鼎系以铭曰：緊兹金鼎，金铁之精，陶镕二气，罗列五行，象取坎止，位配离明，熊蹤永敛，云液常盈，浮屠并峙，瑞应胥呈，水火既济，坐镇江城。形家咸以塔能镇火……"[52]

从上可知，按察使额勒春在任江西期间，于乾隆五十三年（1788年）铸造了铁水鼎安放绳金塔之阳（即南面）以镇火，样式为仿袁州府宜春台水鼎式，尺寸（清制）约为：高89.6厘米，周围377.6厘米，形体硕大。鼎可储水，其上并铸有阴阳五行、水兽、八卦及铭文，于是"水火既济，坐镇江城"。

袁州府宜春台为现江西宜春市一处著名的名胜古迹。相传汉代宜春侯刘成在宜春立五台，"最胜者，宜春也，高五十余丈，植桃李以万计……为一州壮观。"[53] 明嘉靖二十三年（1544年）在宜春台铸有铜水鼎以镇火，袁龚裳撰有《明宜春台铜鼎记》[54]。宜春台铜水鼎为何形制，大小尺寸及所饰纹饰等具体情况，因资料匮乏，未明其详。从已知明嘉靖鼎的形制看，一般为盘口，束颈，球腹，腹下三足，肩腹两侧之上立一对板耳。而明嘉靖朝道教盛行，器物上饰八卦纹亦非常流行，较为常见。因此，按察使额勒春仿宜春台所铸绳金塔水鼎的形制，或可资参考。

绳金塔置水鼎以镇火，反映了古人五行八卦风水学说的理论和思想。宋代以来，风水学说逐渐发展，明清时大行其道，以其理论修建的风水塔、文峰塔等风靡全国，尤其是南方。明清以来绳金塔历次修建必言塔能镇火，额勒春所铸之铁水鼎铭有五行方位及八卦卦象，"象取坎止，位配离明"，"坎"象为水卦，"离"指南方火位，水置南方火位，"水火既济"因而可以镇火。

5. 清道光二年（1822年）阿霖重修

阿霖，富察氏，满洲正红旗人。道光二年五月升江西巡抚，三年以年力就衰，离任回京。六年卒[55]。

阿霖于道光二年重修绳金塔载于刘坤一《江西通志》及魏元旷《南昌县志》等，然皆不详。1987年南昌市人民政府重修绳金塔时，在葫芦顶塔刹内发现一批佛教重要文物，其中一件为楷书"清旷园记事"纸本立轴，其全文如下：

"道光壬午之夏重修绳金塔寺，得见六朝铜梵印一颗，周铜斗柄一具，计印重十二两二钱五分，径方一寸七分半，高连纽一寸五分。纽驯象形，土骨溜金，制作古雅，疑系六朝时物，镌有梵文奇古。据姚秦梵字音释为'西藏化身佛之印'七字。斗柄重十六两，外围合二尺四寸，铸有南北斗十五星，

[52] 清曾国藩、刘坤一《江西通志》卷一百二十一、胜迹略、寺观一、绳金塔寺；民国魏元旷篡修《南昌县志》卷五十八、古迹志中、绳金塔寺

[53] 清高其倬、尹继善、谢旻《江西通志》卷三十九、古迹二、袁州府"宜春台"

[54] 清《钦定续通志》卷一百六十七、金石略一

[55]《清史列传》卷三十五、"阿霖"，中华书局1987年版，第2734页

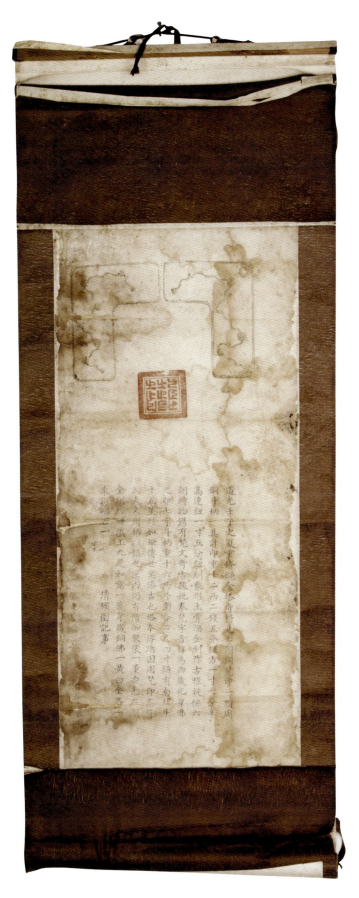

清道光旷园记事纸本轴（1988 年出于绳金塔塔刹葫芦顶内）

形如矩，传世黑漆古也。塔本浮屠，因用梵印；高耸天表，又用柄以镇之。匣内仍有僧伽袈裟一，董香光石刻金刚经一，滇玉九芝如意一，护身藏铜佛一，黄白金各一，东海磁石一。清旷园记事"

关于旷园及旷园记事，本书后文有专论，在此不再赘述。《记事》中记载发现的佛教文物有：梵文"西藏化身佛之印"铜印、南北斗十五星铜斗柄、袈裟、董其昌书金刚经石刻拓本、九芝玉如意、鎏金护身藏铜佛、金元宝、银元宝、东海磁石等，但对当时重修绳金塔的具体情况皆未说明。

6. 清同治六年（1867 年）刘坤一重修

晚清咸丰年间因太平天国运动，绳金塔再次遭到兵火毁坏，同治六年，刘坤一主持重修绳金塔，是为清代最后一次大规模的重修工程。

咸丰元年（1851 年）广西金田爆发洪秀全、杨秀清领导的太平天国农民起义，起义形势发展迅速，清廷震动。咸丰二年七月，为抵御太平军，江西巡抚张芾召集文武官暨礼部尚书陈孚恩、山东按察使徐思庄、扬河厅同知刘于浔等"筹守御策，设官团、绅团二局"。其中官团局八军，驻贡院佑清寺（今佑民寺）；绅团局三军，"分驻进贤门外绳金塔寺、九莲寺、祇园菴以护饷路，仍轮派登陴以资守御"[56]。九月，刘于浔设团练局于中州之灵仙观（注：今南昌县向塘镇剑霞村附近[57]）。咸丰三年春，太平天

清道光通宝铜钱（1987 年绳金塔地宫出土）

国建都天京（今南京）后，分兵西征，意为占领长江中上游之安徽、江西等地。南昌乃江西首府，占领南昌可控江西全省及湘粤闽浙，对太平军而言可巩固天京，对大清朝廷而言同样可稳固江西全境及周边省域，因此地理位置非常重要。咸丰三年（1853 年）五月夏，太平军由彭泽经鄱阳湖、赣江进抵南昌。湖北按察使江忠源急率楚勇自九江驰援南昌，并主持军事。十七日，火烧章江门外滕王阁及民居市店。"二十一日，胡鸿泰、魏廷弼带勇出进贤门，烧绳金塔阶梯，与贼遇于进贤漕仓地方，击退之，随护仓米二万余石入城"[58]。五月至八月，清军守备与太平军在南昌互为攻守，激烈战斗，"凡贼攻南昌九十余日"[59]方解围。

刘坤一为湖南新宁人，"时势造英雄"，在晚清太平天国农民起义，清政府举力镇压的时局中，他从湘军起家，在镇压太平军的过程中逐渐显露其军事政治才能，最终成为晚清封疆大吏。太平军围攻南昌之时，滕王阁惨遭焚毁，"居民迁徙，十室九空"[60]，城垣残破，满目疮痍。南昌诸多寺院道观首当其冲，成为清军或太平军屯兵之所。而绳金塔寺不仅驻有绅团局兵勇，且因绳金塔高耸城边，为防止被太平军所利用，阶梯栏槛尽皆被焚。同治四年（1865 年）五月，刘坤一任江西巡抚兼提督。两年后（即同治六年，1867 年），江西时局稳定，"流亡渐复，岁亦告登"，乃在刘于浔首请下，告同官文友石后重修绳金塔及塔前之千佛寺。

重修绳金塔始于同治六年七月（指农历 1867 年 7 月），至同治七年季冬（指农历 1868 年 12 月）落成，历时一年零五个月。"巍然焕然……遂为城南大观，阛阓之火灾至是果息。是科捷南宫者二十有四人，仕宦诸公

[56] 民国魏元旷《南昌县志》卷五十四、兵革
[57] 民国魏元旷《南昌文征》卷二十、记八、刘于浔《重修灵仙观记》
[58] 民国魏元旷《南昌文征》卷二十、记八、刘于浔《重修灵仙观记》
[59] 清曾国藩、刘坤一《江西通志》卷九十七、前事略、武功三
[60] 清林福祥《守南昌广饶记》守南昌府记

清同治通宝铜钱（1987年绳金塔地宫出土）

亦相继陟清要，晋封圻，称一时之盛"。对于重修绳金塔的资费，除士绅捐助外，刘于浔可能捐出了其中的大头[61]。

刘于浔字养素，南昌县梓溪（今南昌县向塘镇剑霞村）人，道光十四年举人[62]，曾任清河知县，扬河厅通判，咸丰元年回乡籍。咸丰二年太平天国运动爆发后，江西及府城南昌形势逐渐吃紧，刘于浔受命于巡抚张芾，组建团练并筹粮饷[63]。太平军进抵江西时，刘于浔所部团练驻扎中州灵仙观，协防南昌，并随官军"剿贼"，局势稳定后刘叙功迁知府衔。咸丰五年，曾国藩督军江西，以江军水师五营交刘于浔统领。刘于浔统军作战勇猛，誉为"强武为江右第一"[64]。至同治三年，六、七年间刘于浔在江西丰城、新淦、浮梁、抚州、临江等各地征战，累战皆捷，为稳定清政府在江西的统治立下汗马功劳。因其功劳，清廷赏花翎图萨太巴图鲁号，授甘肃按察使等。死后，光绪四年特赠内阁学士，从祀张芾江忠源祠[65]。

文友石即文辉，满洲正蓝旗人，官至江西布政使。他在江西为官期间

庸碌无为，愚钝不明政务，甚至非常荒诞。史载其有公务政事需处理时，居然交由门客师爷及幕僚处置[66]，"忠诚（即刘坤一）忿之甚"[67]。刘坤一、曾国藩曾多次于清廷年末考核之时密奏弹劾之，因"其胞侄女为恭忠亲王福晋"，"奥援之大"，"仍不得去位"，最终公开以"疲软不谨"之言弹劾，乃劾去。

刘坤一重修绳金塔的原因显而易见，在刚刚历经兵燹战火劫难之后，绳金塔已是千疮百孔，毁坏严重，亟待修缮。且绳金塔被誉为镇火消灾、催甲科兴文运的文峰宝塔，历代为官者亦多有"兴举废坠"之举，抚治江西而颇有励精图治之称的刘坤一自是不甘人后，俯从民愿修之，"镇回禄而启人文"。然而，在刘坤一看来，重修绳金塔提倡科甲兴文还另有其更深层次的寓意和目的。在经过咸丰年

清同治六年重修后遗存塔体（1988年维修前摄）

[61] 路苦《刘坤一重修绳金塔碑记解读》，《南方文物》2002年第三期

[62] 李平亮《晚清地方军事化与基层社会的重组》，《中国社会经济史研究》2004年第三期

[63] 民国魏元旷《南昌县志》卷三十五·人物六

[64] 清曾国藩、刘坤一《江西通志》卷一百四十、列传、南昌府、刘于浔

[65] 清曾国藩、刘坤一《江西通志》卷一百四十、列传、南昌府、刘于浔

[66] 清刘声木《苌楚斋三笔》卷四

[67] 清刘体仁《异辞录》卷二

间"太平天国之乱"后，刘坤一认为，士民百姓当"益思所以"，行正途，向善"作善"，科甲致仕，效忠朝廷，否则"不善降殃"，其所谓"而余更有说焉""是则余与两方伯公之所厚望"即指此意。因此，教化民众尽忠统治者，莫要犯上作乱祸国殃民，是刘坤一重修绳金塔倡文峰的真正目的和良苦用心，这是与历次修建绳金塔倡文峰的区别所在和独特之处。

七、现代绳金塔的维修

绳金塔及塔下寺

清光绪十二年（1886年）夏六月三日（夏历）下午，南昌发生大雷阵雨，闪电击中绳金塔引发大火，燃烧一夜[68]，塔体一至七层墙外木质构件全被烧毁，飞檐、回廊、栏槛荡然无存。"'文化大革命'开始时，塔存寺被毁"[69]，至20世纪80年代初时，每层内部楼面、步梯全部损毁，塔体表面粉刷层全部脱落，只剩下光秃秃的塔体，塔身微向东南方向倾斜。

党的十一届三中全会以后，我国各项社会事业得到蓬勃发展，1982年11月《中华人民共和国文物保护法》颁布施行。1985年12月10日，南昌市人民政府公布绳金塔为南昌市第一批文物保护单位，保护范围为绳金塔

清同治八年（1869年）刘坤一撰《重修绳金塔记》青石碑

[68] 民国魏元旷《南昌县志》卷五十五、祥异志
[69] 南昌百科全书编纂委员会编《南昌百科全书》2011年2月第1版

1957 年绳金塔全景

绳金塔塔体局部（1988 年维修前摄）

整个建筑。1987 年 12 月 28 日，江西省人民政府公布绳金塔为江西省第三批省级文物保护单位，保护范围为塔四周各 10 米，绳金塔迎来了它光辉灿烂的春天。

南昌市人民政府高度重视文物保护工作，为了保护这座千年古塔，在

20 世纪 80 年代初即酝酿重修绳金塔。1982 年 8 月 24 日，南昌市文化局向江西省文化局（后改为文化厅）请示维修绳金塔，1983 年 5 月 20 日，江西省文化局函复同意维修绳金塔。1985 年至 1987 年间，南昌市文化局及辖属单位南昌市博物馆组织了文物、古建筑设计维修等方面的专家，对绳金塔的维修召开了数十次专家讨论会，经报请国家文物局、江西省文化厅批准同意，确定了绳金塔修复原则及修复技术方案。1987 年 9 月 1 日，江西省文化厅函复南昌市文化局，原则同意绳

绳金塔底层（1988 年维修前摄）

绳金塔墙体局部（1988 年维修前摄）

金塔维修方案，可进行维修工作。

1988 年 3 月，南昌市人民政府维修绳金塔工程领导小组成立，组长为南昌市副市长沃祖全，小组成员由江西省文化厅文物处、市城乡建设委员会、市文化局、市建筑设计院、市公安局、市城建局、西湖区政府、市建管局等单位组成。小组下设工地办公

1988 年绳金塔维修全景

室，分秘书、施工材料两组，由南昌市博物馆负责具体工作。绳金塔维修设计单位为南昌市建筑设计院，施工单位为南昌市第三建筑工程公司古建筑工程处。维修工程按文物保护法有关规定和要求，以不改变文物原状为基本原则。整个维修经费为 150 余万元，由国家文物局、省、市人民政府拨款，其中绳金塔四周的违章建筑及塔前寺居民由南昌市人民政府出资搬迁。

绳金塔整个维修工程包括了前期论证筹备和后期维修施工两个阶段，维修工程于 1988 年 4 月 4 日清明节正式开工。在前后两个阶段的维修工作中，绳金塔有重大的发现。

清康熙五十二年地宫及埋藏文物

1987 年，南昌市建筑设计院为探明塔基地质情况，制定《绳金塔修复技术方案》，科学、安全修复绳金塔，在绳金塔西北、东北、东南、西南四个方向的地基外地坪下开挖了探沟，发现塔地基仅为 30—60 厘米，较为特殊。1987 年 12 月 22 日，在塔心室中央进行地质勘探时，在表土 12 厘米下发现塔基地宫。地宫为竖穴砖砌正方形，长、宽各 80.0 厘米，深 66.5 厘米，宫口以 4 块红色条石东西向覆盖，条石长约 120.0 厘米，宽 28.0—33.5 厘米。地宫内发现有唐代、清代陶瓷、青铜、铁器、玉器及清顺治、康熙、同治铜钱等各类文物计 36 件（套）。这些文物多为祈福文脉昌盛、多出人才及镇邪消灾、太平吉祥、五谷丰登、幸福如意的涵义。另外有少部分为佛教文物。我们认为从绳金塔的修建历

绳金塔清代地宫（1987年摄）

清弧口带钮铁梵钟（1987年绳金塔地宫出土）

史及地宫中出土文物等方面看，该地宫应当为康熙五十二年重建绳金塔时所建，同治六年刘坤一重修绳金塔时曾打开并进入过该地宫，出土文物反映了绳金塔既是佛塔又是文峰塔的双重涵义。

绳金塔疑似早期地宫 1988年5月3日，南昌市建筑设计院在已发现的清代绳金塔地宫之下约90厘米，又发现疑似地宫。为避免文物遭到破坏，影响绳金塔地质安全，根据领导及文物专家的意见，设计单位未再继续向下进行地质勘测，该疑似地宫也未进行考古发掘，具体情况不明，但文物专家和绳金塔重修设计单位结合绳金塔修建的历史，从地质勘探的结果和角度进行了分析，认为现存绳金塔塔基地宫之下为90厘米厚的一层人工素填土，素填土之下还存在一个早期塔基地宫，其为砖石砌体构成，平面形制与现存塔的八边形形制不同，且面积比现存塔基面积小，早期塔基四周为含断砖瓦砾的一般人工改造土。现存绳金塔即是在早期绳金塔倒塌后，直接在其塔基地宫及四周为

人工改造土的基础之上，再填埋一层素填土层后重建的。也就是说，现存绳金塔塔基是置于两种压缩性完全不同的地基之上的，这类地基的变形条件对建筑物最为不利，极易使基础产生不均匀沉降，造成墙体开裂，这一点，从现存塔体的多处严重裂缝可以得到证实[70]。

对于在已发现的清康熙五十二年所建地宫之下，是否真有另外一个早期地宫，目前虽然不能完全确定，但确实是有可能的。中国古塔屡次重修重建的情况非常普遍，而重建的古塔也往往建立在已毁古塔的原址基础之上，因此单一古塔存在两个地宫的情况并不鲜见。如上海嘉定法华塔就有元、明两个地宫[71]。从绳金塔历代修建的历史来看，除了唐代始建外，清代康熙五十二年（1713年）曾重建绳金塔，千余年来其基址一直未变。因此，绳金塔如果存在上下两个地宫也并不

[70] 见《南昌市博物馆绳金塔四有档案》副卷、《关于绳金塔基础加固的探讨和措施》

[71] 何继英《上海嘉定法华塔元明地宫清理简报》，《文物》1999年第2期

绳金塔地宫陶函（1987 年出土）

清螭龙耳足铭文铜洗（1987 年绳金塔地宫出土）

珊瑚串珠（1987 年绳金塔地宫出土）

金粒（1987 年绳金塔地宫出土）

穿孔珍珠（1987 年绳金塔地宫出土）

柱形琉璃器（1987 年绳金塔地宫出土）

水晶球（1987 年绳金塔地宫出土）

清玉碗（1987 年绳金塔地宫出土）

奇怪，而且下层非常有可能是唐末绳金塔始建时的地宫，当然真正的事实只有等待历史和后人给予答案。

葫芦顶塔刹及佛教文物 1988年9月5日，绳金塔维修工作进行到塔顶时，在葫芦形铜制鎏金塔刹内发现了一批佛教文物，其中有佛教铜印、铜斗柄、袈裟、佛经、佛像、金元宝、银元宝、磁石等12件（套），另外还有一件楷书"清旷园记事"立轴，详细记录了清道光二年重修绳金塔时

绳金塔葫芦顶局部（1988年摄）

清同治六年鎏金铜葫芦顶

维修后绳金塔葫芦顶

清同治六年绳金塔葫芦顶木构架

清鎏金坐莲护身藏铜佛（1988 年出于绳金塔葫芦顶）

清金线饰绸袈裟（1988 年出于绳金塔葫芦顶）

清董其昌行书《金刚般若波罗蜜经》拓本（1988 年出于绳金塔葫芦顶）

清鎏金梵文"西藏化身佛之印"象
钮铜印（1988 年出于绳金塔葫芦顶）

清南北斗十五星纹铜斗柄
（1988 年出于绳金塔葫芦顶）

清"蔡长发赤金"铭元宝形金锭（1988 年出于绳金塔葫芦顶）

[72] 沈雅彤《佛教思想史视域下的
中国佛塔类型研究》，山东大学
硕士学位论文 2015 年 5 月 10 日

发现的之前瘞藏的文物。结合绳金塔的修建历史，这些文物应为清代文物，其年代上限为康熙五十二年（1713年），反映了直至清代绳金塔仍为佛塔的史实。

重修时还发现葫芦顶塔刹为清代同治六年所置。塔刹具体做法是以铜铆钉拼接鎏金铜皮，镶在葫芦形木质构架之上而成，铜皮内侧錾刻有"同治六年"铭文。同治六年即 1867 年，刘坤一主持重修绳金塔，7 月（夏历）正式动工，次年即 1868 年 12 月完工。

清代绳金塔既是佛塔又是文峰塔。葫芦造型本为道教所用，为道家八宝之一。道教在宋代得到极大的发展，至明清，已广泛深入到中国社会各阶层人们的思想和生活当中。葫芦因谐音"福禄"有福、禄、寿之意而为人们所喜爱和追求。文峰塔兴起后，在明清大行其道，作为具有福禄寿美好寓意，象征祈福纳祥的葫芦形塔刹随即应运而生。而随着佛道儒三教合流，文峰涵义"又嫁接在本为纯粹佛教寓意的楼阁式佛塔之上"[72]，因此出现既为佛塔又为文峰塔的情况，绳金塔即为此例。

绳金塔铭文砖 绳金塔在维修过程中，在塔基四周填土层中还发现了宋代"皇宋金院造"款、"绳金院…皇宋"款青砖；明代"积善坊""崇仁坊""政德口"等款"绳金院僧惟一立"铭文佛像青砖，尤其是明代"僧惟一立"款青砖具有重要的历史和研究价值。

绳金塔维修过程中发现的文物及铭文砖，是非常宝贵的实物资料，印证了有关绳金塔修建历史的文献记载，对研究绳金塔的历史发展状况及其属性类型、中国古塔瘞藏规制和寓意、佛教等方面具有重要的意义。

修复竣工剪彩仪式（1989 年 10 月 1 日）

1989年10月1日绳金塔维修工程全部完成并对外正式开放。

重修后的绳金塔继承了清代以来的建筑风格，为典型的江南砖木结构楼阁式塔，塔高50.86米，为七层八面内正外八边形（实际为明七暗八层，一、二层之间有一暗层）。塔身以砖修砌，从塔基至塔顶逐渐收分缩小，从一层至七层，每层均设有四面真门、四面假门，各层真假门上下相互错开。门洞的形式各层也不尽相同，第一层为半圆券形门，第二、三层为壶门，第四至七层为火焰门。自二层以上，每个真假门两侧皆置屋形灯龛，计96个；塔身外有木构腰檐、平座栏槛，飞檐上悬挂铜铃；塔内设木质步梯，可拾级而上，每层皆可出门洞，至栏槛眺望远景，直达顶层；塔刹仍沿用清同治年间铜制鎏金葫芦形宝顶（注：2000年绳金塔再次重修时，因同治年间宝顶氧化锈蚀严重被换下，而以新

顶取代。新葫芦顶塔刹仍为铜制鎏金葫芦形，按原顶尺寸规格及方法重新铸造安装）。

远望绳金塔，干冲云霄。朱栏青瓦，墨角净墙。飞檐翘角，风铎高悬。天风吹过，声彻寒江。宝鼎灿烂，四射霞光。拾级凌虚，凭栏眺望。正是"仰

修复后绳金塔（1989年）

修复后绳金塔（1989年）

瞻尧天舜日，四顾云物灿烂"，"直视湖山千里道，下窥城郭万人家"。水火既济，庇佑豫章。

八、绳金塔历史沿革表

绳金塔创建于唐末天祐年间，历经唐末、南唐、宋、元、明、清、民国及现代，千余年来屡兴屡毁。绳金塔与绳金塔寺密不可分，既是佛教舍利塔，又是文峰塔。除唐末始建外，至20世纪80年代，绳金塔共有1次重建，8次重修。详情列表于下：

朝 代	年 号	时间	事件	修建	主持	属性类型	备注
唐代	天祐年间	904-907		始建	异僧惟一（传说）	佛塔	
南唐						佛塔	
北宋	皇祐至嘉祐间或治平二年	1049-1063或1065		重修	程师孟或 施元长	佛塔	年代人物待考
南宋	绍兴二十年	1150		重修	张宗元	佛塔	
元代	至正二十三年	1363	兵火坏损			佛塔	
明代	洪武元年	1368		重修	院僧自贵、匡弘等	佛塔、文峰塔	
清代	顺治五年	1648	塔倾斜			佛塔、文峰塔	
	康熙四十八年	1709	塔圮				
	康熙五十二年	1713		重建	佟国勷	佛塔、文峰塔	
	乾隆二年	1737	塔倾斜	重修	岳濬	佛塔、文峰塔	
	乾隆二十年	1755		重修	胡宝瑔	佛塔、文峰塔	
	乾隆五十三年	1788	铸铁水鼎置塔之南镇火		额勒春	佛塔、文峰塔	
	道光二年	1822		重修	阿霖	佛塔、文峰塔	
	咸丰三年	1853	官军火烧塔阶梯，毁坏			佛塔、文峰塔	
	同治六年	1867		重修	刘坤一	佛塔、文峰塔	
	光绪十二年	1886	雷击起火木构尽焚			佛塔、文峰塔	
民国						佛塔、文峰塔	
中华人民共和国		1988		重修	南昌市政府	江西省文物保护单位	

（赵德林／撰文　彭伟楸／绘图）

第二章　建筑形制

一、绳金塔的建筑要素

绳金塔始建于唐天祐年间（904-907年）。历经宋元明清维修或重建，现存塔体为清康熙五十二年（1713年）重建，各层木楼板、楼梯、木构平座、腰檐、塔顶及底层大回廊为1988年重修。清代塔木作大回廊、木作平座和腰檐、塔顶一应齐全，在我省尚属首例，在全国亦属少见。

绳金塔七层八面，底层边长4.12米，通高50.86米。底层有木构大回廊，以上各层有木作平座及腰檐。自下至上依次为台基、大回廊、基座、塔体和塔刹。

台基与塔体同为八边形，边长7.86米，高0.44米。红条石素面侧塘石，阶条和台面为花岗条石铺墁。大回廊各面通面阔三间7.24米，通进深3.82米，檐口高5.10米。基座位于塔体底部，为0.78米高砖砌须弥座，由下枋、束腰、上枋三部分组成，素面无雕饰，边长4.20米。塔体各层平面为外八边形内方形，自下而上逐层内收，第一层外壁面边长4.12米，内壁面边长4.80米，壁厚2.52米，第七层外壁面边长3.12米，内壁面边长4.00米，壁厚1.76米。

须弥座（局部）

台基与大回廊

首层大回廊每面三间用四柱,柱头和大额枋之上设斗栱,明间用两攒平身科,次间用一攒平身科。转角斗栱为五踩单翘单昂、里转四踩单翘斗栱;柱头斗栱为五踩单翘单昂、里转五踩双翘鎏金斗栱;平身科为五踩单翘单昂、里转五双翘斗栱。回廊进深三椽,各转角斗栱上承三架梁梁头,三架梁之上短柱承两架梁梁头,两架梁之上立短柱单步梁梁头,各梁梁尾均插于塔壁角柱之内。

大回廊斗栱里拽面

大回廊斗栱外拽面

大回廊梁架

　　各层平座每角各出角挑梁一根,共八根,断面 B×H=220×200。径向布置;每面各出小挑梁二根,共十六根,断面 B×H=70×150,垂直于塔壁布置。各挑梁之下以斗栱辅助受力,栌斗置于砖砌的平板枋之上。平座面层为杉木板,外侧为直棂木栏杆。各层腰檐角梁梁头由檐柱支承,檐柱则立于各层平座之角挑梁之上,梁尾置于搁在塔外壁上的脊檩之上。腰檐、塔顶瓦面为灰色筒板瓦。

平座

平座转角斗栱

各层塔壁每面辟有门洞或壁龛，同一层门洞与壁龛相间分布，上下层间门洞与壁龛相闪分布。门洞顶为半圆形券顶，但各层门洞顶外壁出口处形式不尽相同，第一层为半圆券形，第二、三层为火焰形，第四至七层为变体火焰形。

半圆形券形

火焰形

变体火焰形

各层塔外壁为砖砌仿木作式样，用各种异形砖砌出角柱、地栿、小额枋、大额枋、平板枋、抱框。各层角柱（大抹角柱）底部置莲瓣形红石柱础。塔内外壁以纸筋白灰粉刷饰面，外壁之角柱、抱柱、地栿、大额枋、小额枋及壶门，面层饰以黑色。所有木构用朱色油漆油饰。

角柱、柱础、地栿、抱框
小额枋、大额枋、平板枋

塔心室由木作楼板分为八层。塔心室有明层暗层之分，与塔外檐平座相对应的楼层称为明层。明层有门通往平座，因而称为明层。因第一层层高大，增设了暗层，二层以上无暗层，因此塔心室为八层。各层皆为方形，且逐层450相闪（首层暗层不相闪）。塔心室设木楼梯沿壁折上。塔顶用叠涩砖逐层内收，形成一跨度4米的穹隆顶。

从第六层楼面矗立一木塔刹柱直至塔刹顶部，刹柱是塔顶、塔刹的中流砥柱，稳定塔顶、塔刹。塔刹为砖砌底座，宝葫芦顶。宝葫芦为木质内胎外包鎏金铜皮。八根风链分别拉在顶层塔檐各角脊上，辅助葫芦塔刹的稳定。

塔心室木楼梯（沿壁折上）

刹柱

塔刹

二、绳金塔的基本属性

绳金塔从唐代始建至今，其基址位置始终没有变化，均位于塔下寺内，大雄宝殿之后，因此，其佛塔的属性始终未变。至明清两代随着文峰塔的盛行，人们又赋予了它文峰塔的属性，此后绳金塔有佛塔和文峰塔的双重属性。

三、绳金塔的位置与制度

佛塔与寺院不可分割，是寺院中的一个单体，一个组成部分。早期佛教徒崇拜塔，寺院建筑以塔为主体，置于寺的主要位置——中央部位。早期佛教徒将塔作为对"佛"的崇拜，也就是说塔就是佛，所以，佛与塔在佛教的概念中是不可分割的。

魏、唐至宋之间，塔在寺院里的位置、地位，发生许多变化，从中可以看出对塔的崇拜、重视程度，归纳有以下几种：中心塔院制度、前塔后殿制度、前殿后塔制度、寺院双塔制度、塔建于寺之东南方向制度、塔殿并列制度、南塔北塔制度。

绳金塔为前殿后塔制度。塔建在寺院的大佛殿之后，寺院以大佛殿为主，塔退居次要地位。

四、塔的层数规制

佛教真谛三藏《十二因缘经》中规定：相轮，轮王一重，须陀洹二重，斯陀含三重，阿那舍四重，罗汉五重，缘觉六重，菩萨七重，如来露盘八重。其

中须陀洹、斯陀含等是佛教徒修行所达到的"果位"，相当于今日的"学位"。印度塔的相轮数是双数的，层数也应是双数。但传到我国后，由于"五行阴阳说"的关系，都不采用双数，而采用单数了，这是因为五行阴阳说中双数为阴，单数为阳。为了城市兴旺发达，喜阳恶阴，故改为单数（奇数）制。

五、绳金塔的外形属性

塔按其外形分类有：楼阁式塔、带副阶的塔、密檐式塔、密檐楼阁式塔、过街塔、造像塔、幢式塔等。绳金塔为带副阶的楼阁式塔。

楼阁式塔，顾名思义，就是将一座塔建成楼阁式样，故叫作楼阁式塔。带副阶的楼阁式塔，此类塔为楼阁式塔的一种，塔的第一层带有外廊，既增强塔的壮观效果，又增强塔的稳定性。塔的外廊，在宋代叫副阶。这种带副阶的塔，唐及唐以前至今尚未发现，在遗留至今的宋代塔中有实例。

六、绳金塔的内部结构

塔按其内部结构分类有：实心结构、空筒式结构、错角式结构。绳金塔则属于错角式结构。错角式结构是按塔心室平面边角相错而命名。这在空筒式结构的塔中常见，它是在塔内各楼层做方形空井，逐层边角相错，如果去除楼板，从底层一直望到顶层，看起来甚美观，层层交错至顶，由下部塔室向上望去，如同一幅美丽的藻井图案。

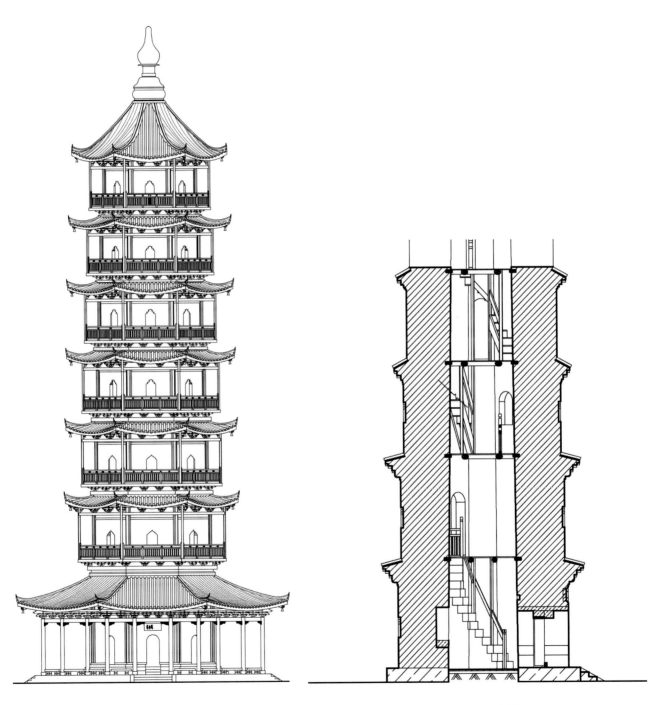

绳金塔立面图　　　　　　　　　　　　　壁边折上式结构

错角式结构

七、绳金塔的楼梯构造

塔按其楼梯构造分类有：穿壁式、穿壁绕平座式、穿心式、壁边折上式、壁内折上式、螺旋式、回廊式、扶壁攀登式、混合式。绳金塔则属于壁边折上式构造。

壁边折上式，即塔梯沿塔的内壁壁边曲折而上，故名。此种结构亦是宋代改革唐及唐以前空筒式结构后，出现的一种新式结构。

八、建塔之材料

我国的塔从建筑材料来划分，有土、木、砖、石、金属五种。其中以砖塔数量居多，分布于全国各地。绳金塔则属于砖木混合塔。运用砖材与木材建造的塔，这种塔就是砖木混合结构塔。虽然这是两种不同的材料，但都符合建塔的要求。在采用此法建造的塔中，一般斗拱、角梁、平座、栏杆、楼层、木檐子等部位使用木材，其余部位使用砖材。这种结构的塔在新建造时，棱角整齐、清晰，特别是在木构件上刷油漆、绘制彩画后，显得十分美观。这种结构的塔在施工中也比较容易，且比纯砖塔省工省料。

第三章　研究论述

一、明初绳金塔的修建

由于年代久远，绳金塔的史籍资料非常匮乏，尤其是明代及明代之前绳金塔的修建情况资料更是难觅。关于明初绳金塔的修建问题，目前所见，宋濂《重建绳金宝塔院碑》是唯一的资料，因此本文仅以明宋濂《重建绳金宝塔院碑》为据，对明初绳金塔的修建问题进行粗浅的考释论述，不妥之处期专家指正。

宋濂是明初著名的政治人物，深得明太祖朱元璋赞誉，其在文学、史学等方面造诣深厚，对于佛家思想和理论亦涉猎很深，与佛门高僧交游广泛，并著有大量涉佛文章，《重建绳金宝塔院碑》（以下简称《院碑》）即明初绳金塔重新修建后受绳金塔院僧匡弘之请托所作。

据宋濂《院碑》记，元末1365年6月（指农历，下同）院僧自贵、弟子匡弘及善慧筹资在寺院东偏修建库堂；明洪武元年（1368年）4月，道溟、自贵、匡弘、善慧捐资以重新修建绳金塔，至当年冬11月完成。洪武二年（1369年）春正月，道溟圆寂。从洪武二年冬12月（夏历）始，至洪武七年（1374年）11月，匡弘等院僧继道溟之遗志，完未竟之院役，"益聚施者之财"重建了绳金塔院其他建筑等，包括释迦宝殿一所、殿后构屋三楹间、僧伽之殿、两边廊庑、寺院三门，门内放生池等。

宋濂所记题名曰《重建绳金宝塔院碑》，其关键字为"重建"。据此，传统的观点认为明初绳金塔为重建。那么是否真是"重建"呢？个人认为此说值得商榷。

就单体建筑而言，"重建"一词本身的含义是指建筑物的重新建造。具体来说是指原有建筑已不存，或毁坏已相当严重，影响了建筑物的安全和使用，因而重新建造或推倒重建。相对而言，"重修"则是指建筑的重新整修和修缮，是在原建筑的基础上部分或局部的维修。"重建"与"重修"最根本的区别在于原有建筑物是否存在，修建工程是否在原有建筑基础上进行。

就绳金塔而言，清康熙四十八年（1709年）绳金塔完全倒塌。康熙五十二年（1713年）巡抚佟国勒主持重建绳金塔。重建后的绳金塔七层八面，"较旧制更式"，绳金塔完全为重新建造，而明初绳金塔的修建则完全不同。

首先，据宋濂《院碑》所记，绳金塔虽经元末陈友谅围攻南昌之兵火劫难，但"兹塔岿然独存"。该句或有两层含义，一是指整个绳金塔院只有绳金塔仍然存在，其他寺院建筑俱已不存；另一含义为绳金塔仍然存在，保存现状相对较好，而其他建筑或已破败不堪，毁坏相当严重，已不能使用。但无论何种含义，绳金塔仍然存在是肯定的。《院碑》后文诗中亦有"忽遭戎马兴，鞠为榛翳场，岿然憾风雨，中有不坏者"之句，再次提及绳金塔的存在。而明洪武元年（1368年）四月"众工皆兴"重修绳金塔之前，"清泉阇若僧道溟与前三比丘披伽黎衣，手执熏炉，向塔前发大弘愿"，其意更加明显，绳金塔的存在毋庸置疑。重修工程开始后，仍记有"五色光起塔间，幽幽荧荧，围绕良久而殁"之说。据此可知，修建工程应该是在原有塔体基础上进行的。

其次，宋濂记"虽兹塔岿然独存，瓴甓亦且摧剥殆尽"，表明绳金塔砖瓦等部分有风化疏松剥落"殆尽"情况，较为严重。修建过程中也确实发生了坍塌事故，"忽有巨甓自颠坠稠人中，咸无所损伤"，但并不是整个塔体的全面垮塌，而只是塔体之一部分的"巨甓"倒塌，因此不存在塔体的全面重建问题。

第三，从绳金塔历来修建工程的时长上来看，重建一般历时较长，而重修历时较短。清代康熙五十二年佟国勤重建绳金塔时，"经始于癸巳五月，落成于甲午七月"[1]，前后历时14个月（1年零2个月）；乾隆二年岳濬重修绳金塔，"经始于丁巳之腊月，落成于戊午之二月"[2]，历时仅3个月；同治六年刘坤一重修绳金塔，"于丁卯七月经始，至戊辰季冬落成"[3]，重修工程居然费时17个月（1年零5个月）。而明初洪武元年修建绳金塔，"国朝洪武戊申夏四月……其月癸丑，众工皆兴……冬十一月某甲子，塔完"[4]，历时仅为7个月。当然明清绳金塔的形制、规格、高度等情况区别很大，但比较绳金塔数次的修建工程，在7个月的时间内全部完成七层六面砖木混合结构楼阁式塔

的重建几乎不太可能。

第四，据宋濂《院碑》记述，明代之前上溯至唐末，绳金塔并没有重建的记载，而只是宋代的两次重修，因此不存在建筑形制变化的情况。而从塔建筑的发展史来看，唐代塔建筑虽以方形木结构或砖结构形制为主，但六边形形制也是存在的[5]，五代至宋六边形砖木结构楼阁式塔则较为普遍。而绳金塔始建年代正处于上承大唐盛世下启五代十国的唐末，因此，绳金塔始建之初为六边形砖木结构楼阁式塔是完全可能的。也就是说，明初绳金塔的形制完全有可能是唐宋以来的延续，没有发生变化。

据上述原因，我们认为明初洪武元年绳金塔的修建工程是在原有塔体的基础上进行的重修而不是重建。

既然明初绳金塔不是重建，那么宋濂所谓《重建绳金宝塔院碑》又是什么意思呢？

从宋濂《重建绳金宝塔院碑》碑记全文中考释，我们认为"重建"是指重建整个绳金塔寺院，而不是重建绳金塔。

考察元末明初重建工程的整个过程，我们知道，此项工程前后历时漫长，从"乙巳（1365年）夏六月……创库堂于东偏"始，至"讫功之日则甲寅（1374年）冬十一月某甲子也"止，历时9年有余。重新修建的工程项目除绳金塔外，还包括了释迦宝殿一所、殿后构屋三楹间、僧伽之殿、两边廊庑、寺院三门，门内放生池等。也就是说此次历时9年跨元末明初的修建

[1] 民国魏元旷《南昌文征》卷十七、记五、佟国勤《重建绳金塔碑记》

[2] 民国魏元旷《南昌文征》卷十八、记六、岳濬《重修绳金塔碑记》

[3] 见刘坤一《重修绳金塔记》

[4]《宋学士文集》卷第二十三、翰苑续集卷之三、宋濂《重建绳金宝塔院碑》

[5] 张驭寰《中国塔》第一章"中国塔的发展史"、第四节"唐塔"、一、"唐塔"，山西人民出版社2000年12月第1版

工程，实际上是因寺院凋敝而恢复重建整个绳金塔寺院，而不是单指重建绳金塔，故而宋濂曰"重建绳金宝塔院"。明万历《新修南昌府志》中载："绳金塔院，旧名千佛院，在进贤门外。元季兵燹，洪武初重建"[6]，志中所载重建者亦指整个绳金塔寺院。所以我们不能依据宋濂《重建绳金宝塔院碑》碑题而断章取义简单地认为绳金塔也是重建。

综上所述，我们认为明初洪武元年（1368 年）绳金塔是重修而不是重建，重修后的绳金塔是唐宋以来砖木结构楼阁式塔的继承和延续。也就是说，绳金塔在唐天祐年间始建后至今，重建仅为一次，即清康熙五十二年（1713 年）。唐代绳金塔经过宋代及明共计三次的重修延续了 800 余年，至清康熙四十八年完全倒塌。而清康熙五十二年重建的绳金塔经乾隆二年（1737 年）、乾隆二十年（1755 年）、道光二年（1822 年）、同治六年（1867 年）及现代 1988 年重修后一直保存至今，已有 300 余年。

（赵德林 / 撰文）

二、绳金塔的属性类型和涵义

中国最早本无塔建筑，甚至没有"塔"字。塔源自印度，是佛教的产物，最初为埋藏佛陀舍利遗骨、佛经、佛像等物以供佛教僧徒供奉礼拜的建筑，是谓佛塔。佛教自东汉明帝永平

十年（67 年）传入我国，塔建筑作为佛教的重要内容和载体之一随之传入，并与中国传统的文化和建筑相结合诞生了具有纯粹佛教意义和用途的中国佛塔，可以说塔自传入我国之初即是以佛塔的面貌出现的。佛塔的形式有楼阁式塔、密檐式塔、覆钵式塔（喇嘛塔）、金刚宝座式塔、亭阁式塔、宝箧印经塔等。塔建筑在中国经过长时期的发展和演变，其用途或文化涵义逐渐多样化，出现瞭望塔、文峰塔、风水塔、文星塔、灯塔、纪念塔等，这些塔有的仍兼具佛教意义，有的已经完全脱离佛塔的范畴，与佛教毫无关系。绳金塔自唐末始建，至今已有 1100 余年，从属性类型上来说，绳金塔既是佛教舍利塔又是风水文峰塔，只是在不同的历史阶段，绳金塔被赋予的寓意逐渐发生变化，其属性亦随之不同。

1. 唐至清代民国绳金塔的佛教属性

唐代是南昌佛教鼎盛的阶段，宗派林立，大道高僧云集，马祖道一在南昌开创"洪州宗"，禅宗大兴。佛教寺院也空前发展，据统计唐代僧院有 52 所之多[7]。绳金塔始建于唐末，它是佛教在南昌广泛传播千福寺在南昌城南肇建的结果。宋濂《重建绳金宝塔院碑》中记，"南昌之城南有佛刹曰千福……于是建宝塔……改'千福'为'绳金塔院'"，没有千福寺和佛教，就没有绳金塔。"落成之日，燕旃檀香，香气馡结，空濛中僧伽大士显形于其上，正与塔轮相直，万目咸观，君子

[6] 明范涞、章潢纂《万历新修南昌府志》卷二十三、寺观

[7] 许怀林《十世纪前佛教在江西的传播》，江西师院学报（哲学社会科学版）1983 年第四期

疑异僧盖大士之幻化"，塔成时神圣浓郁的佛教氛围和景象跃然眼前。

绳金塔与塔下寺是不可分割的。唐代之后，绳金塔寺历经南唐、宋、元、明、清至民国，其间虽屡遭兵火劫难，仍香火不断。五代、宋、元时，塔下寺称"绳金塔院"。元末至明初，院僧自贵、匡弘等筹巨资费时九年树塔立庙，重建绳金塔院，规模宏大。其中塔前建有一佛殿，供奉异僧"僧伽大士"；寺院内还有释迦宝殿（奉三世诸佛）及僧伽大殿（奉文殊、普贤、观音菩萨）。最迟在万历年间，始建于晋的市林寺、圆觉寺亦一并入绳金塔寺。明末南昌人兵部尚书熊明遇在《江城揽胜记》中记曰"是皆为古城所罗者，独绳金塔寺近称雄刹，高阁层檐，佛殿岿焉。殿前小池砌珉石为底，鱼泳影若悬空，塔势涌出干霄，飞鸟欲碍，荣木芳树，耀采跣蔓于阜陵，陂陁间杂置小禅堂，固维摩丈室，乃十方大千无量数佛入其中者也"[8]，可见绳金塔院之兴盛宏大。清康熙五十二年佟国勤主持重建绳金塔，寺院"廊云又葺新，寺寮庄严，法相并增"；乾隆二年岳溶重修绳金塔，"于是遴员鸠工庀材以涂以垩，瓴甓聿新，院宇辉映……"同治六年刘坤一重修绳金塔，"又以余赀重修塔前之千佛寺，琳宫辉映，遂为城南大观"。光绪年间，绳金塔寺分三堂，为圆觉堂、法华堂、宿觉堂。

由上而知，先有佛寺，后有绳金塔，而自绳金塔始建之日起，千余年来绳金塔即与绳金塔寺紧密相连，相

辅相成，广传佛法。

"佛塔作为佛教建筑，其中最关键的两个要素为佛教和建筑"[9]。绳金塔的建筑形式史载不详，从现存已知的史籍材料考察，我们认为，从唐末天祐年间至清康熙四十八年（绳金塔倒塌），绳金塔应为楼阁式塔，塔顶为相轮式塔刹。其中明洪武重修之后的绳金塔塔身为七层六面，二层以上有腰檐、平座栏杆，从塔底层可拾级而上，出塔门至栏杆远眺，直达顶层。清康熙五十二年至今，绳金塔仍为楼阁式塔，塔身同样有腰檐平座栏槛，可登顶远望，但塔身改为七层八面，另外，塔刹也有变化。康熙五十二年重建时塔顶为相轮式塔刹，但最迟在同治六年刘坤一重修绳金塔时，塔顶已改为葫芦形铜制鎏金塔刹，康熙五十二年至同治六年期间由准改为葫芦顶，何时改为葫芦顶不得而知。

楼阁式塔为佛教传入中国后出现最早、延续时间最长、分布最为广泛、也是最为典型的一种佛塔形式，古印度"窣堵坡"式佛塔在随佛教传入中国之初，即与中国传统的楼阁式建筑相融合形成了具有中国特色的楼阁式佛塔。最初的楼阁式佛塔为方形，大多为木结构，此后演变为六边形、八边形、圆形等，建筑材料也发展为砖、石、砖木混合、金属等多种材质，建造楼阁式佛塔也形成了一定的规制。楼阁式塔之为佛塔，最为典型的特征在于相轮式塔刹，即在楼阁重檐之上置刹座、仰莲、覆钵、刹杆、重轮、华盖、宝瓶或宝珠等，实际上是古印

[8]民国魏元旷《南昌邑乘文微》卷十六、记四

[9]沈雅彤《佛教思想史视域下的中国佛塔类型研究》，山东大学硕士学位论文，2015年5月10日

度之"窣堵坡"，具有典型的佛教意义。从唐代至清代早中期绳金塔塔刹的形式来看，其佛教的特色和意义非常明显。

传说绳金塔始建时有异僧惟一掘地得铁函，内有金绳、古剑及舍利三百余颗，于是建宝塔，取舍利藏之。舍利本为佛祖释迦涅槃后遗留的佛骨、佛牙（齿）、爪、发等物，塔建筑在古印度缘起之初，即为埋藏佛陀舍利子而建，它是用来表征佛的真身。佛陀在世时，其弟子信徒皆向佛真身顶礼，佛涅槃后，弟子信徒则将供奉有佛舍利子的塔当作佛而膜拜。"佛教对塔的敬仰，与对佛的敬仰一样，佛与塔并重，故有'塔即是佛，佛即是塔'之说"[10]。塔随佛教传入中国后直至唐代，塔皆是为瘗藏舍利子或佛经佛像而建，具有佛教的象征意义。佛教认为，造塔是无量的功德，供养舍利可"受天上、人中福乐，长不堕三恶道"[11]。绳金塔掘地得舍利而藏之的传说表达了佛教僧徒对佛陀的崇拜，对佛教的信仰和追求，同时向世人百姓弘扬佛法，"使诸行人皆见佛塔，思慕如来法王道化，生获福利，死得上天"[12]。

掘地得舍利并藏之绳金塔虽为传说，但塔中发现的佛教文物却是真实存在的。20世纪80年代南昌市人民政府重修绳金塔时，曾分别在地宫和塔刹内发现数十件文物。葫芦顶塔刹中发现的文物有清代佛像、佛经、袈裟、佛印、念珠及供养人所供奉之金银等；地宫中除了具有文峰和道家吉祥寓意

的世俗文物外，还有部分佛教文物，最为重要的是佛家七宝，包括金、银、玉、水晶、珊瑚、玛瑙、琉璃等。

总之，从唐代到清代民国，绳金塔一直是不折不扣的佛教舍利塔，这是其最根本的属性，而且延续时间较长，基本上贯穿了绳金塔发展的整个历史。明人余曰德诗云："谁辨龙沙万劫灰，相轮高倚白云回。庐峰对似孤飞鹭，章水看疑一渡杯。深夜珠光浮舍利，半空金色见如来。西方有客曾为语，无数莲花井上开。"这是千年浮屠绳金塔最好的写照。

2. 明代以后绳金塔的风水文峰寓意

绳金塔本为佛塔，在其产生发展的历史过程中，始终与绳金塔寺紧密联系，弘扬佛法。自明代开始，随着风水学说的盛行，绳金塔又被赋予了能镇火消灾、振兴文教的作用，因而具有了佛塔和风水文峰塔的双重属性和涵义。

（1）. 镇火消灾

据明初宋濂《重建绳金宝塔院碑》："……初，郡多火灾，堪舆家谓塔足以厌胜之，已而果验。宋治平乙巳，知军州事程公某以其有关于民，最为吉征，鸠钱二十五万修之……"文中言豫章郡历来多火灾，堪舆家认为塔能镇火，修建绳金塔后果然应验，宋代治平乙巳年"知军州事程公某"因塔能镇火消灾造福百姓重修绳金塔。依宋濂《院碑》之记，唐末绳金塔始建时即有能镇火之说，宋代重修时也有此说，事实是否果真如此，目前不能妄下断语。从史籍记载上看，

[10] 张驭寰《中国塔》，山西人民出版社2000年12月第1版
[11] 见《般若经》
[12] 见《长阿含经》卷三、游行经

唐宋元时期并没有绳金塔能镇火之说的相关资料。从中国塔建筑的发展史来看，唐宋时期多为佛塔，而风水塔、文峰塔的流行和出现一般而言是明代风水学说和理论盛行之后的事情。宋濂所记《院碑》正是风水学说广为流行的明初，因而存在将明初风水理论附加在唐宋绳金塔之上的可能。但宋濂记明代绳金塔"能助地形之胜，消弭灾害，阴骘生民"是明确的，这也是目前所见绳金塔能镇火消灾之说的最早记载。

入清之后，绳金塔经历过一次重建、一次增铸铁水鼎、四次重修，其中留存有记的四次。佟国勷《重建绳金塔碑记》："金以兹塔能镇火灾，大庇民居……禳除火灾，洵不可不亟图焉"；岳濬《重修绳金塔碑记》："而况能助地形之胜，以禳灾弭患阴陟生民者……"；刘坤一《重修绳金塔记》："城南之绳金塔为合省文峰，且可禳火灾……阛阓之火灾至是果息"。上述三记无一例外皆言塔可禳火灾镇回禄，庇民居，阴陟生民。

南昌地处长江以南，江西中部偏北，境内湖泊众多，河网密布，气候属亚热带季风性湿润气候，春季雨水充沛，夏秋季炎热干燥，冬季寒冷，因此，春季及夏初雨季来临之时容易发生水灾，而夏末及秋冬季少雨干燥时节又极易发生火灾。南昌自建郡以来水火灾害频仍，百姓饱受灾祸之苦。据史籍载，历史上南昌发生的火灾多有千百，其中重大的火灾有：

501 年（南朝齐东昏侯永元三年）正月，豫章郡因"天火"（雷电）引起火灾，烧毁民居三千多家。

786 年（唐贞元二年），洪州发生大火，烧毁民屋一万七千多家。

1456 年（明景泰七年）9 月，南朝宁王府火灾，烧毁南昌前卫军营房及民居八百余家。

1513 年（明正德八年），火灾烧毁江西布政司衙门、民居、寺观等一万余家。

1605 年（明万历三十三年）正月，南昌知府衙门起火，延及布政司谯楼及南昌县治居民千余家。

1665 年（清康熙四年），南昌城外火灾烧毁沿江居民千余家。

1671 年（清康熙十年），南昌酷热二十多日，草木皆枯。8 月万寿宫起火，全被烧毁。

1791 年（清乾隆五十六年）12 月，南昌闹市区洗马池火灾，烧毁店铺民居千余家[13]。

……

以上节录仅为南昌历史上极小部分火灾，而南昌发生的水灾亦是多如牛毛。宋淳化元年（990 年）秋七月发生水灾，江水猛涨，毁坏城廓三十多处，淹没民舍两千余户……此外南昌还发生地震、干旱、风灾、蝗灾、瘟疫等各种灾害难以计数，不一而足。

为避免各种灾害发生，历代官府大员也曾想方设法，防火治水。唐宪宗年间，韦丹任江南西道观察使主政南昌，"始民屋草茨竹椽，久则燥焚，丹召工教为陶瓦"[14]，他教与南昌百姓将屋顶改成陶瓦，改革房屋建筑材

[13] 政协南昌市委员会文史资料研究委员会编，南昌文史资料第十期《南昌掌故轶事》，《南昌历史上的重大火灾》
[14] 明范涞、章潢修《万历新修南昌府志》卷十五、名宦传、韦丹

料，避免竹草易致火灾之屋，且一旦火发则绵延连片不可控制的情况。

言绳金塔能镇火消灾实际上依据的是道家的风水学说。风水学说又称堪舆，研究风水懂风水者称为堪舆家或形家。"风水学的经络为阴阳五行，由《易经》发展而来……是《易经》在地理环境上的运用"[15]。风水学说包含五行、八卦及天干地支。五行为金、木、水、火、土，它们相互之间相生相克；八卦为乾、兑、离、震、巽、坎、艮、坤，八卦又可分阴和阳；天干地支、阴阳八卦和五行相配合又形成了方位的概念，其中南方属火，在八卦为离，在干支为丙丁巳午；北方属水，在八卦为坎，在干支为壬癸子亥。依据八卦阴阳和五行相生相克的理论，人们可以择吉趋利，避免或化解灾祸。绳金塔位于古城南昌之城南，"位配离明"之地，南昌火旺失衡，灾害频发，因此当于南方建塔并配以五行八卦水像相制，消弭火，镇回禄，这就是绳金塔能镇火消灾的由来。

清乾隆五十三年按察使额勒春在任江西时，为更加凸显绳金塔之镇火作用，仿袁州府宜春台水鼎之样式，增铸一高二尺八寸、周围一丈一尺八寸的铁水鼎，"择用水年月日时安建于塔之阳以镇火"，上"画列卦位，增水宿水兽……鼎系以铭曰：緊兹金鼎，金铁之精。陶镕二气，罗列五行。象取坎止，位配离明。熊踪永敛，云液常盈。浮屠并峙，瑞应胥呈。水火既济，坐镇江城"。以精铁所铸之水鼎，配以八卦水卦、水宿水兽、择水年月日时等"位配离明"来镇火，风水理论的运用已臻极致，无以复加。

（2）. 振兴文教

绳金塔可以振兴文教之说，始于明代，而以清代为盛，它是在中国科举制度兴盛的背景下，利用风水学说大兴文峰塔的结果。

文峰塔又称文风塔、文昌塔、文星塔、文笔塔、文奎塔等，它主要的目的和寓意是追求当地文运昌盛，人才辈出，是在中国科举制度下随着风水学说的出现而产生的。中国科举制度始于隋代，隋代废除九品中正制，创科举，奠定了中国科举取仕制度的基础。唐袭隋制，并做了进一步完善。经宋元发展之后，明、清科举制度达到顶峰，儒生士子往往穷尽毕生精力寒窗苦读，以求科甲登第，荣华富贵，光宗耀祖。官府和地方宗族亦视科举登第人才辈出为政绩或荣耀，纷纷兴儒学、办书院学校和私塾，同时大兴文峰塔。

文峰塔最早起于何时目前未有定论，有专家研究认为它起源于隋唐[16]，但文峰塔在明代以后逐渐兴盛，为大家所公认。为求发科甲，催文运，全国各地遍造文峰塔，而以南方为甚，尤其是东南江浙皖赣等地。

风水学说认为，择吉地方位修建文峰塔，可以兴文运，出人才。《相宅经纂》中云："凡都、省、州、县、乡、村，文人不利，不发科甲者，宜于甲、巽、丙、丁四字方位择其吉地，立一文笔尖峰，只要高过别山，即发科甲；或于山上立文笔，或平地建高塔，皆

[15] 张驭寰《中国塔》山西人民出版社 2000 年 12 月第 1 版
[16] 崔松林《浅议风水建筑文峰塔》，《才智》2014 年第 11 期

为文笔峰。"此即建造文峰塔的理论基础。所谓四字方位即分别指甲（东偏北）、巽（东南）、丙（南偏东）、丁（南偏西）。绳金塔"地当省会东南进贤门外"，为古城南昌之"巽"方，正是绝佳的风水宝地，因而可以振兴文教。

需要指出的是绳金塔能振兴文教不仅仅是指振兴南昌府城文运，而且是主江西全省之科甲文脉。清佟国勷《重建绳金塔碑记》、岳濬《重修绳金塔碑记》、刘坤一《重修绳金塔记》中皆言绳金塔为"合省文峰"，所谓"南昌则十三郡屏翰之首，山川雄灏，人物挺秀于其间，素称才薮，则城南一塔屹峙云霄，用以振兴文教……"，"继自今章贡之间消鹑火而振文风，或皆兹塔之所助"。刘坤一记曰："城南之绳金塔为合省文峰……是科捷南宫者二十有四人，仕宦诸公亦相继陟清要，晋封圻，称一时之盛。"直言绳金塔在重修后，科甲题名士人众多，称一时之盛。在明清之际官府和民间百姓的眼中，绳金塔振兴文教的地位和作用可见一斑。

自绳金塔创建后江西确实人才辈出。唐宋时期江西即人文荟萃，著名的唐宋八大家江西独有其三。对于明清时期江西的科甲人才，据专家研究，"自明洪武四年（1371年）到清光绪三十年（1904年）的534年间……明清两代江西共产生进士4583人"，进士总量位居全国第三。而明清时期南昌的进士为1098人，人数占江西全省之首[17]。刘坤一在《重修绳金塔

记》中对重修绳金塔后江西出人才的原因自问自答，是风水家说的对呢还是巧合呢？言其原因是绳金塔可启人文，并劝化百姓忠于朝廷科举登仕。其实真正的原因并不是风水先生塔能兴文的说法是对的，也不是一种巧合。从绳金塔千余年来的历史我们可以看到，绳金塔的兴衰和文运兴盛其实是和整个国家的命运紧密相连的。凡国家统一天下太平、政治清明、经济繁荣、百姓安居乐业，则绳金塔兴，人才辈出；反之则塔毁而文脉弱，这是一种必然。所谓国兴则塔兴文脉兴，国乱则塔衰文脉衰是也，绳金塔能催科甲兴文运其实是古人的附会和唯心论。

综上所述，自唐末始建至清代民国，绳金塔一直是佛教舍利塔，而从明代开始绳金塔又被赋予了风水文峰涵义，是镇火消灾、振兴文教的文峰宝塔，因此具有双重的属性和涵义。绳金塔的丰富内涵见证了南昌一千一百余年的历史，也寄托了南昌人民祈福平安、择吉避祸、积极向上的愿望和对美好生活的向往。

（赵德林／撰文）

三、绳金塔地宫出土的文物

绳金塔坐落在现南昌市西湖区站前西路南侧，原南昌古城进贤门外。

绳金塔是一座砖木结构阁楼式古塔，由塔刹、塔身、塔基及地宫组成。阁楼式塔是佛教传入中国后，舍利塔

[17] 谢宏维《论明清时期江西进士的数量变化与地区分布》，江西师范大学学报（哲学社会科学版）2000年第4期

与中国传统的阁楼相结合形成新的具有中国民族特色的建筑形式。

塔体呈锥形，高 50.86 米，平面为八角形，采用明七暗八形式（外七层内八层），塔身每层均设有四面真门洞、四面假门洞，各层真假门洞上下相互错开。1987 年南昌市人民政府决定对旧绳金塔进行重修，在对塔下基土勘测时，工作人员发现了塔基地宫。

1. 绳金塔地宫的形制

绳金塔的须弥座塔基平面形状为八角形，其地宫位于塔正下方。塔地宫距原地表土仅 12 厘米，为竖穴式砖室地宫。地宫为砖石结构，四周及地面用青砖砌成。地宫平面呈方形的，

距地表约 80~100 厘米，各边长均为 80 厘米，深 66.5 厘米[18]。地宫的顶部盖有四条东西向红色条石。石条长度和厚度一样，均为 120×28 厘米。其宽度略有不同，两端石条均宽 33.5 厘米，

清代绳金塔地宫（1987 年）

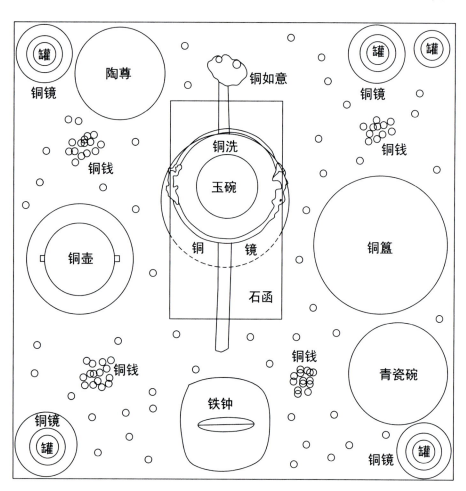

图一　绳金塔地宫文物分布示意图
（根据《绳金塔地宫出土的清代谷物》绘制）

[18] 夏小庆：《绳金塔地宫出土的清代谷物》，《农业考古》1990 年第 1 期

中间两块均宽 28 厘米。在地宫内共出土铜器、玉器、陶瓷器、铁器、石器等各类文物 19 件以及清顺治、康熙、同治时期的铜钱约 3 千克[19]。根据出土的文物判断，地宫年代当在清代。

1987 年南昌市建筑设计院对绳金塔完成施工绘图过程中，为搞清楚塔基结构情况。曾对塔体的西北、西南、东北、东南四面地下地质情况进行了开挖探沟，确认了塔底须弥座即为塔基，其下有一层 30 厘米厚花岗石。在对塔心地宫进行钻探时，发现地宫下为人工夯筑的土层，在距地宫底部 90 厘米深度，发现石块，敲击有中空声，当时文物部门认定其下为绳金塔早期地宫，为保护地宫不遭到破坏，故未继续向下钻探。该院随后对塔基周围地面开挖探沟和竖井，根据其地层堆积认为早期绳金塔塔基范围在现存塔基范围之内，即在人工夯土层下，中心位置即为早期塔基地宫，塔基地宫的埋藏深度距现代地表约 3 米左右。

由此可见，绳金塔应该拥有双地宫，清代绳金塔应当是在早期塔基地宫之上重新修建而成，并利用了早期塔基土的承载力。虽然早期地宫未曾进行发掘，但根据重修绳金塔时候发现的唐代塔砖推测，其年代很可能早至唐代，这也说明自唐代绳金塔修建后，绳金塔的位置可能一直未发生变化，这也为我们研究唐代及后期南昌城址的范围提供了重要的实物材料。

2. 绳金塔地宫出土的文物

绳金塔清代地宫出土的文物，根据性质和用途不同，可分做佛教、道教和世俗文物。

佛教文物

陶函 绳金塔出土的清代陶函，青灰色，长方形，由顶盖和匣身组成，盖为盝顶式。佛教所用石函一般为石质的匣子，用于安放舍利或修行者的骨灰，为佛教传统法器，也是研究佛教仪轨中舍利瘗埋制度的重要实物资料。

七宝 绳金塔地宫出土的清康熙青花盖罐内盛金块、银块、玉片、水晶珠、珊瑚珠、腰型铁片、铜钱。这些器物应该是佛教里所谓的"七宝"。关于七宝，《佛学大辞典》中记载各家典籍所说各异[20]。《法华经》受记品曰："金、银、琉璃、砗磲、玛瑙、真珠、玫瑰七宝合成。" 曹魏时期康僧铠《无量寿经》所载七宝为紫金、白银、琉璃、水精、砗磲、珊瑚、琥珀；《智度论》曰："有七种宝：金、银、毗琉璃、颇梨、车渠、马瑙、赤真珠。"《阿弥陀经》曰："亦以金、银、琉璃、玻璃、砗磲、赤珠、玛瑙,而严饰之。"《般若经》以金、银、琉璃、砗磲、玛瑙、虎珀、珊瑚为七宝。此外，藏传佛教中的七宝为红玉髓、蜜蜡、砗渠、珍珠、珊瑚、金、银，称为"西方七宝"。

佛家"七宝"中除金、银为必备，历代风俗和传承不同，"七宝"具体所指也略有不同，但均为世间贵重物品无疑。绳金塔出土的"七宝"应该为清代佛教所用"七宝"，均是当时供奉和表佛法的的物品。

五谷 地宫内发现的一些清代青花盖罐内出土有稻、粟、酱、麦、茶

[19]详见馆藏绳金塔维修报告
[20]织田得能著，丁福保译：《佛学大辞典》，中国书店出版社，2011年，第116页

等作物，应该为佛教中供奉用的五谷。五谷在古代有多种说法，最主要有两种：一种指稻、黍、稷、麦、菽；另一种指麻、黍、稷、麦、菽。史书典籍中最早记载的是《周礼·天官·疾医》："以五味、五谷、五药养其病。"郑玄注："五谷，麻、黍、稷、麦、豆也。"《素问·藏气法时论》："五谷为养。"王冰注："谓粳米、小豆、麦、大豆、黄黍也。"

佛教典籍中关于五谷记载[21]，《苏悉地羯罗经》卷中："五谷谓大麦、小麦、稻谷、大豆、胡麻。"《陀罗尼集经·卷十二》举出稻谷、小豆、小麦、大麦、青稞等五种；《成就妙法莲华经王瑜伽观智仪轨》举出稻谷、大麦、小麦、绿豆、白芥子等五种。

关于五谷用途，《佛学大辞典》中有这样的解释："密教修护摩法时，以五谷为供养物，又建立曼荼罗（坛场）时，与五宝、五药、五香等物共纳于瓶中，置于坛场中心及四方之埋宝处。此埋宝之法即表示安立菩提心中的五智之宝，即能起五谷之善芽，灭除五种过惑。[22]"

由此可知，五谷为谷物的通称，不一定限于五种。其用途为在举行宗教仪式时候，供奉所用。绳金塔地宫中，五谷和七宝均在青花罐内，安放在地宫四角，与佛教密宗布置曼荼罗坛场形式极为相似。藏传佛教格鲁派（黄教）在明清时期传入内地，特别是在清朝上层贵族的支持下，在内地也有了很大发展，地宫内绳金塔曼荼罗式坛场的布置说明绳金塔在清代重修时很有

可能受到了密宗的影响。

道教文物

如意 绳金塔地宫石函上放置一件铜如意，时代为清代。此如意灵芝云头，长柄略曲，柄身刻有灵芝花卉纹样，器身上有铭"雅座在泉石"。如意，道教宫观和斋醮坛场使用的法器。用竹、玉、骨等制成，头作灵芝或云叶形，长曲柄。由古代的笏或搔杖演化而来，相似于北斗七星的外形。"北斗七星"代表的北斗七星君是道教崇奉的七位星神，斋醮科仪中高功法师代天说教时，手执如意。朱权著《天皇至道太清玉册》卷六称，"如意"为黄帝所制，战蚩尤之兵器也。后世改为骨朵，天真执之，以辟群魔[23]。《洞玄灵宝三洞奉道科戒营私》卷一记载："凡拂、如意、香炉、法其，常安左右。"[24]在明清时期，以灵芝外型为主的如意代表着吉祥之意，更是赋予了吉祥辟邪的涵义，成为祈福安康的物品。

世俗文物

铜镜 铜镜在我国出现时代较早，早在距今4000多年的齐家文物遗址中就出土了七角星纹镜。商周时期，铜镜作为祭祀和贵族专用之物，秦汉之后，铜镜的使用逐步普及到大众阶层，实用性不断增强。

绳金塔出土的铜镜，均为当时世俗之用，在镜的背面多有吉祥语，如"五子登科""一品当朝""喜生贵子"，代表文运、祝福之意。

绳金塔地宫宗教文物与世俗文物并存，说明塔基地宫的最初用途已经发生改变。

[21] 同上，第577页
[22] 同上
[23]《天皇至道太清玉册》，（明）张宇初辑《正统道藏》，涵芬楼影印明刊本，1923年
[24]（唐）金明七真撰，《洞玄灵宝三洞奉道科戒营始》，（敦煌抄本题为《三洞奉道科戒仪范》），成本出处《正统道藏》太平部

3. 塔基地宫的意义及形制演变

塔基地宫最初为埋葬佛舍利或高僧舍利所建。唐翻经沙门圆测撰《佛说造塔功德经》经序云："夫塔者，梵之称，译者谓之坟。或方或圆，厥制多绪，乍琢乍璞，文质异宜，并以封树遗灵。""佛既谢往。香木焚尸，灵骨分碎。大小如粒。击之不壤。焚亦不燋。而有光明神验。谓之舍利。弟子收奉竭香花致敬慕建宫宇。谓之为塔。犹宗庙也。故时称为塔庙者是矣。[25]"

由此对应世俗来说，塔身及塔刹可看做坟丘，地宫即为墓穴（墓室），放置舍利的石函（金属材质函）为棺。《法苑珠林》卷五十一引《感应录》："为舍利造金棺银椁"，这也说明石函就是棺椁，地宫就是墓穴，其一同埋入的财物、经卷当视为随葬品，虽与墓葬形制不同，但本质用途是一样的。

佛教自传入我国后，与当时的社会文化传统相融合加深，不仅塔的形制开始发生变化，与之相对应的地宫形制也开始发生变化。

徐苹芳先生曾对于舍利塔地宫有过全面系统的研究。他将地宫的发展分为三个阶段：第一阶段，北魏时期，无地宫，舍利石函直接埋入塔基夯土之中；第二阶段，隋至初唐时期，也无地宫，但在石函外出现砖、石护墙；第三阶段，唐武则天之后，出现地宫，并形成定式[26]。

徐先生这里所说的地宫专指砖石结构的地宫，但笔者认为太过于局限，地宫的含义应该从其用途来判定，而不应仅仅从其修建的材质来判断。

最初的舍利塔地宫，均为竖穴地宫，一般将舍利石函放置于之内，直接掩埋于塔基夯土中，未见使用砖、石等材料。这一阶段地宫应该称为土圹地宫。我国目前发现的，有纪年明确的和时代最早的土圹地宫出现于北魏时期。以北魏太和五年（481年）河北定县五层塔[27]，和北魏熙平元年（516年）洛阳永宁寺塔地宫[28]为代表。

至迟到北朝时期，开始出现新的地宫形制，砖室地宫开始出现。在河北临漳县邺城遗址曾发掘过一座舍利塔[29]，时代为东魏至北齐时期，在塔基中部发现方形竖穴砖砌地宫，目前最早发现的砖砌塔地宫是陕西耀县隋仁寿四年神德寺地宫发现了竖穴砖石结构的地宫[30]，这一阶段地宫当称之为竖穴砖室地宫。竖穴地宫自出现后，便成为我国塔地宫的主流样式，历代均有沿用。

塔基地宫发展到唐代武周时期，开始出现横穴砖室地宫，这是我国历史上舍利塔地宫的主要样式之一，与竖穴室地宫长期并存，并流行于后世。塔基内修建砖石结构宫室，同时建造宫门，甬道与宫门相通，一般为一条或对称的两条，在甬道外设置竖穴式或斜坡式的入口。这种形制的地宫便于人们多次进入地宫迎送舍利、放置供养物品。目前可见最早的此类地宫，以甘肃泾川县唐武周延载元年（694年）大云寺地宫[31]为代表。

绳金塔地宫虽然作为中国塔地宫主流样式之一的竖穴式砖石地宫，但

[25] 唐释道宣：《广弘明集·卷第二（归正篇第一之二）》，新文丰出版社，1982年

[26] 徐苹芳：《中国舍利塔基考述》，《传统文化与现代化》1994年第4期

[27] 河北省文物局文物工作队：《河北定县出土北魏石函》，《考古》1966年第5期

[28] 中国社会科学院考古研究所洛阳工作队：《北魏永宁寺塔基发掘简报》，《考古》1981年第3期

[29] 中国社会科学院考古研究所邺城工作队：《河北临漳县邺城遗址东魏北齐佛寺塔基遗迹的发现与发掘》，《考古》2003年第10期

[30] 朱捷元、秦波：《陕西长安和耀县发现的波斯萨珊朝银币》，《考古》1974年第2期

[31] 甘肃省文物工作队：《甘肃省泾川县出土的唐代舍利石函》，《文物》1966年第3期

其上下两层不同年代地宫同时存在，新的塔基地宫建于旧塔基地宫之上的情况在地宫发展史上是不多见的，这对于我们研究塔地宫的形制和演变具有重要的价值。

4. 绳金塔的性质

塔里有佛的圣骨，塔就是佛的象征[32]。绳金塔在唐代，应当为舍利佛塔。但随着与中国传统文化的相互融合加深，佛教文化逐渐成为中华文化的一部分，舍利塔的功能也随之发生了变化，世俗化功能不断加强。

绳金塔发展到明清时期，为使当地文风、文脉顺达，多出人才，同时也为了消除火灾，根据风水理论而重新修建的绳金塔，具有观赏性和象征性双重意义。清江西巡抚刘坤一在《重修绳金塔记》讲到："籍绅刘养素方伯以城南之绳金塔为合省文峰，且可禳火灾，首请重修……是科捷南宫者二十四人。仕宦诸公亦相继陟清要，晋封圻，称一时之盛。"

绳金塔与出现于十四世纪（元末明初）的一种不同于宗教功能的世俗塔，即文峰塔较为相似。但根据佛教文物仍存放于绳金塔地宫内，说明在清代重修绳金塔时候，绳金塔的佛教功能并没有完全消失，仍具有礼佛性质，但世俗文物与道教文物的同时放置，也说明清代绳金塔当是儒、释、道三种思想共同作用下的产物。

（田庄/撰文）

四、绳金塔所藏袈裟的本土化特点浅谈

1988 年南昌市博物馆重修绳金塔时，在塔刹发现了袈裟等若干件文物。绳金塔所藏袈裟，为清代金线饰绸袈裟，平铺为长方形，长 260 厘米，宽 114.6 厘米。夹里，面料为红色的碧绉，里料为黄色的纺绸。袈裟的制作方法是把面料裁成 15 个长条，4 条留作袈裟的边缘，其余的 11 个长条又各剪成 5 片大小不一的长方形，共 55 片。每片用黄色纺绸衬里、绳边，绣上双股金线作边饰，再叠压缝合起来。最后四周缝上边缘。里子由 8 块黄色纺绸缝合而成。袈裟红色为底，配上黄色和金色长方格，显得非常华丽。袈裟正面的左上角缝一枚镀金龙首铜带钩，里面左上角缝一枚和田玉带环。这对钩环一金一玉，一黄一白，相得益彰。袈裟上还垂挂装饰一条黄色团寿扣丝绦，增加了袈裟的飘逸感。

"袈裟"（梵语 Kasaka）是梵文的音译，最初的含义为一种可取汁染色的草。后引申为"不正色"（杂色），根据佛门规矩，剃发、染衣、受戒是取得僧人资格的必要条件。染衣和剃发一样，是为了表示从此舍弃美好装饰，过简朴的生活。所以，僧服摒弃青、黄、蓝、赤、白"五正色"，而染成"袈裟"色，即铜青、泥褐、木蓝色，才算"三如法色"。最早的佛教典籍将"Kasaka"译为"加沙"，东晋葛洪在撰写《字苑》时，将"加沙"两字下方分别添"衣"，改作"袈裟"，从而成为僧服"三衣"的代名词。

[32] 张法：《佛教艺术》，第 45 页，高等教育出版社，2004 年

僧服原规定只有三件，即所谓的僧服"三衣"：由 5 条布缝缀成的是小衣，打扫劳作时穿的；由 7 条布缝缀成的是中衣，平时穿的；由 9 条至 25 条布缝缀成的是"大衣"（我国俗称"祖衣"），遇有礼仪或外出时穿着的。僧服的缝制，传说是佛陀受稻田阡陌纵横形状的启发，将僧人们所着衣服分别以 5 条、7 条、9 条为标准条数，剪裁成长方或正方形的田畦状，再重新缝制成衣。割裁衣一经做成，就不能再进行贩卖交易，同时也免除了盗人的贪念。从割裁衣的作用而言，是为众生广种福田，也称"福田衣"。

绳金塔所藏的这件金线饰绸袈裟就是一件由 11 条布缝缀成的大衣（俗称祖衣）。然而，这件袈裟无论从质料、颜色，还是配饰等方面都与佛陀时代的戒律规定有很大的不同，体现了鲜明的本土化特征。事实上，佛教在中国漫长的传播过程，也是佛教走向中国化的过程，这其中就包括对袈裟戒律的遵守与变通。

1. 质料的本土化特征

金线饰绸袈裟的面料为碧绉，里料为纺绸，这两种质料都属丝绸。丝绸是中国的特产，具有悠久的历史。传说黄帝的妻子嫘祖发明"养蚕取丝"。考古学上，1958 年在湖州南郊的钱山漾出土了一批距今 4700 多年的良渚文化早期的丝线、丝带和没有炭化的绢片，这是目前世界上发现并已确定的最早的丝绸织物。碧绉是用螺旋形拈丝线作纬线织成的丝织品，纬线经炼染后收缩成螺旋形，所以整个织物表面呈现细微的水波绉纹，表面光泽和顺，质地轻柔坚韧；纺绸是一种简单的平纹丝织品，质地平整细密，手感滑爽。这两种丝织品都非常柔软、透气，是制作春夏服装的极佳质料。

佛教传入中国，由于自然因素和本土文化的影响与渗透，僧服的质料发生了很大的变化，和释迦牟尼佛规制的衣料大不相同。佛陀时期明确规制，僧服的质料只能用"粪扫衣"。粪扫衣就是世俗人当作垃圾舍去不要的破衣、破布，僧人们拾来后加以洗涤、修补、缝制成的干净僧衣。印度盛产棉花，"粪扫衣"应以棉布为主；而中国在唐代以前是不产棉花的，主要用麻织品。

南朝梁慧皎 (497－554 年) 法师《高僧传》卷第四中描述东晋僧人竺僧度执意出家时，他的未婚妻杨苔华赠诗劝他还俗，其中两句写道："罗纨可饰躯，华冠可曜首。" 僧度答诗曰："布衣可暖身，谁论饰绫罗？！"从僧度的这两句诗可以推测，当时僧服的质料不用"罗纨""绫罗"等丝织品，而是"布衣"，即麻织品。

然而，随着东晋十六国时期佛教的兴盛，僧侣地位提高，佛陀时代以"粪扫衣"为质料的戒律逐渐被打破。据《高僧传》卷第九'竺佛图澄一'记载："虎倾心事澄，有重于勒，乃下书曰：和上国之大宝，荣爵不加，高禄不受，荣禄匪及，何以旌德？从此已往，宜衣以绫锦，乘以雕辇。"佛图澄是十六国时期西域僧人，深受后赵明帝石勒和武帝石虎尊崇。石虎尊崇佛图澄比石勒更甚，他下诏书说："和上（指佛图澄）是国家的大宝，但他不接受荣爵高禄，那怎么彰显他的功德呢？从今以后，应该穿绫锦袈裟，乘雕花步辇。""宜衣以绫锦"，便是袈裟质料上的一个重大的本土化发展，至此，僧服的质料开始出现丝织面料。隋唐时期，僧服的主要面料仍然是麻，当时虽开始种植棉花，若论普及，直至南宋朝以后才开始。

2. 颜色的本土化特征

金线饰绸袈裟为赤红色。按佛教戒律规定，袈裟是不能用赤红色的，而应用铜青、泥褐、木蓝"三如法色"。然而，现在我国有地位、有名望的高僧在正规场合多穿赤红色袈裟。汉地袈裟颜色的改变，始于唐代，是政权的介入导致的。

唐宋时期，朝廷中三品以上的官员着紫色官服，五品以上则着绯色。下级官员立了功或得到皇帝恩宠，可以得到"赐紫"或"赐绯"的"破格"赏赐。紫色与绯色对于佛教法衣来说是不如法色的，但朝廷仍然依照世俗的官制和奖赏方式，将紫衣袈裟和绯衣袈裟赐给一些有名望的高僧，以示荣耀和恩宠。

最早的"赐紫"发生在武则天时期。薛怀义、法朗等九位僧人译经制疏，用佛教符命来证明和鼓吹武则天当女皇的合理性。武则天称帝后，为了报答他们，不仅将他们敕封为县公，并独出心裁地赐紫衣袈裟。

以后各朝各代，"赐紫"或"赐绯"时有发生。如《大宋僧史略》下卷载，唐玄宗时，有沙门崇宪精通医术，治者效验，帝悦而赐绯袍、鱼袋；明万历年间宁德支提山华严寺、清乾隆年间南京栖霞寺均受赐过紫衣金龙袈裟等。

3. 配饰的本土化特征

金线饰绸袈裟上有三件配饰：带钩、玉环和团寿扣丝绦。这三件配饰都具有鲜明的本土化特征。

（1）带钩

这枚带钩铜质镀金，钩首龙头略呈方形，龙眼突出生动，面部凹凸有致，雕刻工艺精到。

原始的袈裟没有钩组，若不加以固定，便易脱落。据《四分律》第四十卷说："佛弟子舍利弗入白衣舍（俗人家），深恐风吹袈裟，脱肩落地。"于是，佛听许诸比丘们，在左肩胸前袈裟领边。穿钉钩钮，以便系牢袈裟。

刚开始钩钮使用不规范，有的仅是两个长布条或绳带相系而成。晚唐以后，在袈裟上出现一种圆形的纽环，搭在钩上。宋以后圆形的纽环逐渐流行，多用牙骨、香木等材料制成。明清以后，袈裟上的衣钩渐渐演变成了汉式带钩。带钩，本是腰带连接所使用的带扣。它萌芽于原始社会的良渚文化，鼎盛于战国和两汉，式微于魏晋南北朝，至宋以后，带钩逐渐从束衣实用器转变为赏玩之物。世俗实用性带钩到唐代后就中止了，但袈裟上却仍在继续使用。佛教服饰吸收了中华民族传统服饰的文化因素，带钩这一古老汉服上的配饰，在袈裟上得以保存至今。

（2）玉环

这枚带环扁平环状，和田玉质，洁白温润。环，配合钩使用。钩的样式多变，环就单一多了。《淮南鸿列解·说林训》："满堂之坐，视钩各异，于环带一也。"

中华民族崇玉之风久远，美玉被赋予了种种内涵，具有象征性精神品格。如古人所谓玉的"九德"之蕴、"六瑞"之象。佩玉标志着一个人的身份地位、道德修养、品格情操，具有"载道""比德""达礼""显贵"的人文价值，故"君子必佩玉，君子无故，玉不离身"。用玉制作带环，既美观大方又寓意深远，体现了中国传统文化与外来的佛教文化的融合。

（3）团寿扣丝绦

团寿扣丝绦，黄色丝线编结而成，由团寿扣和穗子组成。

中国结是中华民族特有的手工编结艺术。它始于上古的结绳记事，普及于战国，兴于唐、宋，繁于明、清，历经数千年，既具实用功能又具装饰功能，更重要的是还蕴含丰富的吉祥寓意。

绳结不仅用于器物的装饰，从战国时期开始，绳结在服装装饰中就开始应用。汉服"宽衣博带"，"束服之结"自然成为绳结在服装装饰中的一种重要的应用；古人尚玉，周代男子就有佩玉的习俗，《尔雅义疏》中记载"佩玉之组条，用以连贯玉者，也叫绦，用丝绳婉转结之"，出土文物显示，早在战国时期，就已出现了众多种类的佩玉绳结。唐宋时期，中国结被大量地运用于服饰和器物装饰中，呈明显的兴起之势。明清时期，出现各种用途、各种名称、各种样式的中国结，中国结的发展达到鼎盛，使绳结由一种装饰提升为一种艺术。

绳结是中国民俗文化中的一个独特事物，反映了人们祈求福、禄、寿、喜、财、安康的民俗心理。团寿结，用圆满、对称的图案，表达了对安康长寿的向往。它在袈裟上的运用，表明中国民俗文化对佛教服饰的渗入。

自公元前后，印度佛教传入中国已有 2000 年左右了。作为一种外来文化，佛教在其传播之初必然会与中国原有的本土文化发生一些矛盾、冲突；在其传播过程中必然会受本国历史、地理、民族、政权等多方面因素的共同影响，不断被中国传统文化和社会习俗所融合、同化。袈裟，作为佛教文化的组成部分，在漫长的发展过程中，逐渐具有了浓郁的本土特色并彰显了多元的文化性质。

（何　莉／撰文）

参考资料：
1.《汉地佛教服饰文化研究》吉林大学博士学位论文 2011 年 5 月葛英颖
2.《汉传佛教与藏传佛教僧侣服饰比较研究——以五台山为例》太原理工大学硕士学位论文 2015 年冯晓宁

五、浅谈"清旷园记事"

绳金塔历史上曾经过多次重修和重建，1988 年在对绳金塔进行维修的时候，在地宫和塔刹中出土了一批文物，塔刹共发现文物十三件套，其中有一件清道光旷园记事纸本轴，纵 86.3，横 37.2 厘米，上部对称印出斗柄正反两面，下方钤盖西藏化身佛之印，其下书写文字，全文为：

"道光壬午之夏重修绳金塔寺，得见六朝铜梵印一颗，周铜斗柄一具，计印重十二两二钱五分，径方一寸七分半，高连纽一寸五分，纽驯象形，土骨溜金，制作古雅，疑系六朝时物，镌有梵文奇古，据姚秦梵字音释为西藏化身佛之印七字，斗柄重十六两，外围合二尺四寸，铸有南北斗十五星，形如距，传世黑漆古也，塔本浮屠，因用梵印，高耸天表，又用柄以镇之。匣内仍有僧伽袈裟一，董香光石刻金刚经一，滇玉九芝如意一，护身藏铜佛一，黄白金各一，东海磁石一。清旷园记事"

道光壬午即道光二年，1822年，这一年对绳金塔寺进行重修，发现了一批古物，故而将之记录下来，即为清旷园记事纸本轴，并与发现的古物一起置于绳金塔塔刹中，一百多年后，我们对绳金塔进行维修，这批文物得以重见天日。

1. 旷园记事的含义

《说文解字》："旷，明也。"又有心旷神怡，心境开阔之意，旷园为何意呢？目前只找到两个和旷园相关的记载。

1. 旷园是一处园林，在浙江绍兴，为明藏书家祁承爜作，祁承爜为山阴人（今浙江绍兴），官至江西布政使司右参政，喜读书，嗜书，清全祖望《旷亭记》："忠敏尊人少参夷度先生，治旷园于梅里。有澹生堂，其藏书之库也；有旷亭，则游息之所也；有东书堂，其读书之所也。夷度先生

精于汲古，其所钞书，世人多未见，校勘精核，纸墨洁静。忠敏亦喜聚书，尝以朱红小榻数十张，顿放缥碧诸函。牙签如玉，风过有声铿然，其所聚则不若夷度先生之精。忠敏殉难，江南尘起，凡二十年。旷园之盛，自此衰歇。今且陵夷殆尽，书卷无一存者，并池榭皆为灌莽，其可感也。"祁承爜去世后，其子祁彪佳继承父业，清军入关，力主抗清，总督苏松，清军攻占杭州后，自沉于水，谥忠敏。

2. 浙江钱塘人吴陈琰曾作有《旷园杂志》，记见闻杂事，其中多为神怪。吴陈琰，字宝崖，康熙年间人，曾任山东茌平县知县，还著有《春秋三传同异考》，收入《续修四库全书·经部·春秋类》。《旷园杂志》记叙各地所发生的奇闻怪事，《旷园记事》是否因为在绳金塔发现了古物，因此算作奇闻，故而也用旷园之名呢？目前尚未发现更多证据，只能作此推断。

在查阅佛教文献时也发现了名旷园的住持，然而时代与道光不同，但也可作为探索的方向，即旷园有可能为人名。

2. 旷园记事所载文物

旷园记事上一共记载了十件文物，即西藏化身佛之印、铜斗柄、袈裟、金刚经、玉如意、护身藏铜佛、金锭、银锭、东海磁石、匣，并重点介绍了印和斗柄。

印重十二两二钱五分，按照清代一两约合现在 37 克，十二两二钱五分约为 454 克，普查数据为 800 克，高一寸五分，约 4.7 厘米，径方一寸七分

半，约5.4厘米，普查数据高5.5，印面边长5.5厘米。印是铜质鎏金，不应有太大损耗，那为何重量会相差如此之大呢？经过反推，800克折合约为二十二两，推断有没有可能是二十二两二钱五分，作者书写的时候漏写了一个"二"呢？至于高度相差，当时应该没有精密的测量，因此误差几厘米应该也是正常的。

斗柄重十六两，约593克，普查数据为593克，外围合二尺四寸，普查数据长12.3厘米，宽9.1厘米，周长应为42.8厘米，不到二尺。重量相符，但尺寸出入较大。

《旷园记事》中的古物是何时放入的呢？其中有一件文物清董其昌行书《金刚般若波罗蜜经》拓本，落款为"史官华亭董其昌沐手书"，封底有"大沩山人摹勒"。据考，"大沩山人"为湖南篆刻名家胡万年。胡万年，字湘林，湖南宁乡人，其为乾隆、道光、咸丰年间人，擅书法篆刻，尝为陶澍刻御书"印心石屋"四字，又为万贡珍镌《陈维崧填词图》，由是声名大振。咸丰十年（1860年）被曾国藩招入幕府，目为雅士。彭玉麟修复长江诸名胜，勒石纪功，亦请其摹刻。晚年嘱子侄将所刻董其昌书《金刚经》及《兰亭帖》、唐寅《曲水流觞图》藏之岳麓崇圣祠侧。胡万年的生卒年为1787—1860年，1787年为乾隆五十二年。而在清乾隆五十三年（1788年）额勒春铸铁水鼎（仿宜春台式）安放塔之阳，由此至道光壬午年重修，中间没有对绳金塔的重建重修，可见，金刚经不可能是乾隆

五十三年那次对绳金塔修复时放入的。那么问题来了，《金刚经》是什么时候放入的呢？我们再来看《旷园记事》的记载："道光壬午之夏重修绳金塔寺，得见六朝铜梵印一颗，周铜斗柄一具，……匣内仍有僧伽袈裟一，董香光石刻金刚经一，滇玉九芝如意一，护身藏铜佛一，黄白金各一，东海磁石一。"铜梵印和铜斗柄前面都有年代，推断铜梵印为六朝，铜斗柄为周，"制作古雅，疑系六朝时物，镌有梵文奇古"可见，当时的人已经不认识这两件文物，因其制作古雅，故而推断时代很早，总之是距离当时较久远的时代，并且前面有"得见"二字，说明这两件文物至少放置年代在道光壬午年之前，但是我们再看后面的这些文物，"匣内仍有僧伽袈裟一，董香光石刻金刚经一，滇玉九芝如意一，护身藏铜佛一，黄白金各一，东海磁石一。"每件文物前面都没有年代，加之我们刚才介绍的《金刚经》为清道光、咸丰年间人"大沩山人"胡万年摹勒版本，也许后面的这些文物都是这次重修放入的。原因有几点，一是年代相符，董香光石刻金刚经为证，二是后面这些文物都没有介绍年代。还有一点，重修时发现了两件古物，因此重修者为了与前人相合，也是彰显其敬佛之心，故而也准备了一些文物一起放入，所以写到"匣内仍有……"只是没有明言后面这些都是这次放入的罢了。

3. 旷园记事的性质

关于旷园记事的性质，在已发掘的塔中有些会出土文字资料，最典型

的就是法门寺地宫的衣物帐碑了，这是迄今为止发现最早的唐代衣物帐碑，共四十八行，一千七百余字，记载了唐懿宗、唐僖宗、惠安皇太后、昭仪、晋国夫人、诸头等皇室戚贵，内臣僧官等供奉给真身的金银宝器、衫袍及下盖裙衣。还有一种是发愿文，发愿文碑即为所发之愿，希求之事。记事碑（牌）也有出土，浙江海盐镇海塔塔刹发现一件墨书记事木牌，记载了乾隆年间结成莲社重修镇海塔的经过[1]。旷园记事自名为记事，与海盐镇海塔的记事牌性质相似，但镇海塔记事木牌对修塔的经过都有简要记述，旷园记事则对修塔经过未提，只是记载了发现文物的情况，因此，推断道光二年重修时应该有碑记载修塔经过。

塔在进入中国后，人们造塔时，往往在塔刹的刹穴中放置舍利、佛像、佛经及其他供品。但随着佛教以及佛塔越来越本土化，原来放置在塔顶塔刹内的供品开始转到佛塔下面的地下。在南北朝时，舍利等供品开始被放置在塔基的夯土中；在唐代，仿照帝王墓葬的陵寝建筑，在佛塔下开始出现地宫，供品都被放到地宫中。但仍有部分佛塔，在修建或维修时将各种佛教物品和供品放置在塔刹中。在近些年对一些古塔的考古发掘和维修时，就在它们的塔刹中发现了佛教文物。如1978年对北京白塔寺白塔进行维修时，在其铜塔刹的塔心木内发现佛经、佛经函、铜佛、佛冠、袈裟等文物[2]；1985年在维修定州开元寺开元寺塔时，在塔刹的宝顶、宝珠内发现一批文物，

有铜佛坐像、铜鎏金佛坐像、铜鎏金菩萨坐像、铜人物杂宝纹镜、装有金刚经的铅经函、铜钱[3]；1988年内蒙古巴林右旗维修庆州辽代白塔时在塔刹相轮内的刹穴中发现一批辽代文物，有108个舍利小塔、小佛像及银、漆、瓷瓶中盛的香药、丝织品、铜钱，小塔和小佛像中有各种佛经，还有金银咒板各一，银板上还刻有各种物品的名称，在塔刹的覆钵内还有一尊佛涅槃像[4]；2002年在浙江平湖市维修报本塔铁制塔刹时发现文物四组，为长方形锡盒、紫砂舍利塔、锡质圆筒及其内的"六经"卷、黄花梨盖罐及其内的佛经[5]。从绳金塔塔刹内出土文物看，与其他几处古塔塔刹内出土的文物大同小异，唯有浙江平湖报本塔由于是文峰塔，所以没有佛像而是放置了六经。而绳金塔出土了旷园记事以记载重修时发现的文物并保存至今，对我们研究绳金塔及出土文物提供了重要的资料。

（王 静／撰文）

六、古塔与古城——绳金塔与南昌

中国古塔作为佛教建筑的重要内容之一，自传入中国之始，就与中国文化相融合，并借用了中国传统建筑形式与寺庙一起服务于宗教崇拜。绳金塔以其独具一格的建筑结构和艺术形象，屹立在南昌这座历史文化名城1100余年，见证和承载了南昌的悠久历史。本文浅述绳金塔的形制特点和

[1] 李林：《海盐镇海塔及出土文物》，《东方博物》2009年第4期

[2] 黄春和：《北京白塔寺塔刹佛教文物的发现及乾隆御笔——般若波罗蜜多心经赏析》，《文物天地》1997年12期

[3] 贾敏峰：《定州开元寺塔塔刹发现一批文物》，《文物》2004年第10期

[4] 德新、张汉君、韩仁信：《内蒙古巴林右旗庆州白塔发现辽代佛教文物》，《文物》1994年第12期

[5] 杨根文：《浙江平湖报本塔及天宫出土文物》，《东方博物》2005年第04期

其与城市建设的关系。以及今后在城市发展中所起的作用。

江南古文化甚为发达，先有吴越、张楚，后有六朝、王权，且唐宋以后，经济文化重心逐渐南移，江南地区遂成为中国最发达地区之一。江南的地方城市也因此日益兴盛，古南昌的城市建设也得到长足发展。在宗教方面，佛教在江南的传播历史亦很悠久。根据近年的考古发掘，发现南昌地区存有大量东汉到西晋时期的佛教造像。佛教建筑也随之在南昌地区发展起来，其中绳金塔为本地区的重要建筑代表。

从历史文献的记载和我国现存古塔、古塔遗址的调查分析得知，古塔在中国的发展大体上可分为三个阶段。

第一阶段：东汉到唐朝初年，印度的萃堵波开始和我国传统建筑形成互相结合，是不断磨合的阶段。

第二阶段：从唐朝经两宋至辽金时期，是我国古塔发展的第二阶段，也是我国古塔发展的高峰时期。

第三阶段：从元代经明代到清代，是我国古塔发展的第三个阶段。

从中国古塔的历史沿革来看，绳金塔从唐朝以来历经千年沧桑，屡兴屡毁，见证了中国古塔发展的历史，她也从侧面反映了南昌在历史发展中的社会变迁和兴衰荣辱。每当国富民强，百姓安居乐业之时，就是绳金塔重建修缮之时，每当朝代更替，社会动荡就是塔体破败，损毁之时。从绳金塔历代兴毁中不难发现以上周期性规律。据《江西通志》《南昌县志》

等史籍记载，绳金塔为唐代天佑年间（904-907年）异僧惟一始建，相传建塔前掘地得铁函，内有金绳四匝，古剑三把，金瓶一个，内装舍利子三百颗，遂于其上建宝塔，塔成后据此得名绳金塔。绳金塔在穿越千年的历史中已不是一座单一的建筑，而是做为南昌记忆的一个重要载体，深深的融入了这一方水土之中。

现在的绳金塔为1988年重修，于1989年十月竣工并对外开放。修复后的绳金塔由塔座，塔身，塔刹组成，高50.86米，共八层（其中一暗层），采用明七暗八层的手法。平面外环为八角形，内环为正方形。塔外环每层墙面用砖砌出额、柱、并漆成黑色，又有十六灯龛（每面两个）及八门（四真四假），刷以白色，黑白分明。各层门的形式也不同，第一层为半圆拱门，二三层为如意门，四五六七层为火焰门，且各层真假门相互错开。在各层配以向外挑出的手座与走廊及塔檐。塔心室内设有木质步梯，可拾级而上，通拱门至回廊。六七层有刹柱贯通，直达刹顶。塔顶为攒尖顶，顶上置鎏金铜刹，以人条铁链固定其檐角，并悬挂铜铃。

绳金塔古朴秀丽，塔体各部位尺寸比例匀称，线条柔和流畅，塔体以须弥座为塔基（基础仅深60厘米），历经三百年未见严重沉陷和倾斜。塔内旋步梯直通其顶层，"直视湖山千里道，下窥城郭万人家"。尤其值得一提的是绳金塔的风铃，"飞檐翘角，铜铃高挂"。每层风铃按照古代编钟的制作工艺铸造，每层一个音阶，七层七音，微风吹过，悦耳动听，展现了"双树影回平野暮，百铃声彻大江寒"声色并茂的壮丽景色。每当傍晚黄昏之时，静坐于塔下石阶之上，感受金塔夕照，耳听微风演奏的优美铃声，至身于此古代与现代结合之中，给人一种恍若隔世，宁静幽远的意境。

绳金塔兼有佛塔和风水塔的性质，佛塔与风水塔是中国古代建筑的两大系统，前者随佛教发展而来，有舍利塔，经塔，墓塔等，后者由风水学产生的建筑，一般称为文峰塔，文星塔，文光塔，文笔塔等。绳金塔在老南昌人的心目中就是一座文教宝塔，老南昌民谣说"藤断葫芦剪，塔圮豫章残"，可见此塔在当地老百姓心中的地位。

绳金塔还有镇水禳火的性质，据文献记载，古时南昌城区狭窄，房屋密集，木板房颇多，极易发生火灾，有此高塔立于城市中央便于瞭望火情水情，提前预警，守护一方平安。《绳金塔铭》中就有"水火既济，坐镇江城"之说。在绳金塔的建筑构件和装饰纹样中也可找到佐证，绳金塔塔顶铸金鼎以镇水，鼎既名曰"镇火鼎"，塔顶周围绘有卦位及水星，水兽，选择水年水月水时祭祀安置，其目的就是在于以此塔消除南昌地区的火灾。可见，绳金塔也是为消除南昌火灾而建，她是南昌人目中的风水宝塔。

近年来，随着人们对传统文化的不断认知和世界旅游文化的兴起，催生出了绳金塔庙会和绳金塔文化旅游节。在南昌市人民政府的大力支持和推广下，绳金塔庙会已经成为全国知名的庙会庆典之一。足以与上海"城隍庙"，南京"夫子庙"媲美。绳金塔景区近年不断扩建，新建了很多与之配套的建筑，如千佛寺，文庙隆兴戏台，民俗回廊等，不断丰富绳金塔的历史价值和人文情怀，吸引了大量海内外游客，在宣传优秀传统文化的同时，也创造了很高的经济价值，成了南昌一张骄傲的文化名片。随着绳金塔的知名度，美誉和文化品位越来越高，她正成为南昌市的文化塔、风俗塔、经贸塔、旅游塔。她将成为与西湖六和塔，南京灵谷塔，西安大雁塔，北京白塔等名塔齐名的国内名塔，成为享誉世界的国际名塔。

登千年绳金塔，一览古城南昌。西山积翠，南浦飞云，龙沙夕照，尽收眼底，放眼远眺，千年往事，远古幽情，思绪万千。唯愿，绳金塔永立于世，永镇江城。

（颜 夏／撰文）

第四章　明清碑记

重建绳金宝塔院碑[1]

◎宋濂[2]

南昌之城南有佛刹曰"千福"，相传唐天佑中异僧惟一之所建也。当经营之初，发地得铁函，四周金绳界道，中有古剑一，设利[3]三百余颗，青红间错，其光烨然。于是建宝塔，取设利藏焉，改"千福"为"绳金塔院"。落成之日，爇栴檀香，香气馤结[4]，空濛中僧伽大士显形于其上，正与塔轮相直[5]，万目咸观，君子疑异僧盖大士之幻化云。初，郡多火灾，堪舆家[6]谓塔足以厌胜之，已而果验。宋治平乙巳[7]知军州事程公某[8]以其有关于民，最为吉征，鸠钱二十五万[9]修之。绍兴庚午[10]尚书张公某[11]来佩郡符，复倡众浮[12]葺之。一旦，塔影倒现于治工游氏家，上广下锐，层级明朗，宝轮重盖，一一具足。元至正壬寅[13]，戎马纷纭，院宇鞠为榾橚[14]，虽兹塔岿然独存，瓿甓[15]亦且摧剥殆尽。乙巳[16]夏六月，院僧自贵与弟子匡弘、同袍善慧各抽衣盂之资刱[17]库堂于东偏，日夕以兴复为己任。

国朝洪武戊申[18]夏四月，清泉阑若僧道溟与前三比丘披伽黎衣，手执熏炉，向塔前发大弘愿曰："惟塔庙之建，起信心而入菩提，今废坏若是，不可以不图，溟等誓尽今生为之，惟威力加护焉"。誓毕，持历走民间，施者多应。其月癸丑[19]，众工皆兴，趋附如蚁。忽有巨甓自颠坠稠人中，咸无所损伤。又明日乙卯，五色光起塔间，幽幽荧荧，围绕良久而殁。冬十一月[20]某甲子，塔完。塔凡七成，成各六棱[21]，环以峻宇，前敞小殿，以奉僧伽大士。栏槛坚致，洞户玲珑，簷[22]牙翚飞，宝铎[23]如语，观者以为帝释天宫所造化现人间。己酉春正月[24]，道溟示寂，匡弘等叹曰：院役其可不终事乎。益聚施者之财于冬十有二月[25]造释迦宝殿一所，抟土以肖三世诸佛，殿后复构屋三楹间，直达僧伽之殿，中塑[26]曼殊师利、普贤、

[1]《宋学士文集》卷第二十三、翰苑续集卷之三。《重建绳金宝塔院碑》是目前所见有关绳金塔明初及明初之前修建历史较为完整的唯一的史籍记载

[2] 宋濂（1310—1381 年），浙江金华人，明初著名政治家、文学家、史学家、思想家，被明太祖朱元璋誉为"开国文臣之首"，曾奉命主修《元史》。他著述丰厚，大部分被合刊为《宋学士全集》七十五卷。宋濂有深厚的佛学根基，在江苏、上海、浙江、江西等地与佛门的交游甚广，绳金塔院僧匡弘即其入住南京时的释友。宋濂著有大量涉佛文章，其中有不少是受高僧之请托而作的塔铭、碑记、赠序、题跋等，《重建绳金宝塔院碑》为宋濂受南昌绳金塔院匡弘之请托而作

[3] 即"舍利"

[4] 同"郁"，"馤结"即蓄积意

[5] "相对"意

[6] 也称"形家"，古时为占候卜筮者之一种。后专称以相地看风水吉凶为职业者，俗称"风水先生"

[7] "宋治平乙巳"即北宋治平二年（1065 年）

[8] "程公某"即程师孟，字公辟，吴（今江苏苏州）人，进士出身，为北宋名吏。曾在朝廷及江西、福建、广东、浙江等多处为官，政绩卓著。知洪州时，其勤勉政务，关心百姓疾苦，大力治水，吏民感之，广立生祠。然北宋重修绳金塔是否为治平乙巳年，是否为程师孟主持重修仍待考证

[9] "二十五万"指缗钱，即 250 贯

[10] "绍兴庚午"即南宋绍兴二十年（1150 年）

[11] 据明范涞修《（万历）新修南昌府志》卷十二、"府职官沿革"载，南宋绍兴庚午年（即绍兴二十年）洪州知州为"龙图阁直学士、左大中大夫"张宗元，张还曾任尚书兵部侍郎等职，故曰"尚书张公某"

[12] 同"荐"，再、屡次、接连意

[13] "元至正壬寅"即元至正 22 年（1362 年）

[14] "榾"为直立着的枯木，"橚"古同"櫷"，树木枯死，倒伏于地。"榾橚"意为枯死的草木

[15] "瓿"指房屋上仰盖的瓦，亦称"瓦沟"；"甓"即砖

[16] "乙巳"即元至正 25 年（1365 年）

[17] 同"创"

[18] "洪武戊申"即明洪武元年（1368 年）

[19] "其月癸丑"指夏历 1368 年 4 月癸丑日

[20] "冬十一月"指夏历洪武元年（1368 年）11 月甲子日

[21] 同"梭"

[22] 同"檐"

[23] 铎是一种大铃，古代宣布政教法令或遇战事时用之，亦为古代乐器，其形如铙、钲而有舌，因舌有木制和金属制两种，故有木铎、金铎之分。悬挂于佛殿或宝塔檐端的大铃曰"宝铎"，又称"风铎"，一般为金属制舌。《洛阳伽蓝记》中有"宝铎含风，响出天外"之语

[24] "己酉春正月"指夏历 1369 年春 1 月

[25] "冬十有二月"指夏历 1369 年冬 12 月

[26] 同"塑"

[27] 同"涌"

[28] "甃"，垒、砌之意

[29] "绀"，红青，微带红的黑色；"鑑"同"鉴"

[30] 即洪武七年冬 11 月（夏历 1374 年 11 月）

[31] "矧"，况且，亦意

[32] "塔婆"为梵语 stūpa 或古印度俗语 thūpa 的音译，也称"窣堵坡"等，塔之意

[33] 我国古代天文学家把周天黄道（太阳和月亮所经天区）的恒星分成二十八个星座，平均分为四组，每组七宿，分别与东、西、南、北四个方位和青龙、白虎、朱雀、玄武（龟蛇合称）等动物形象相配，称为"四象"。东方七宿为角、亢、氐、房、心、尾、箕，其形如龙，曰"左青龙"，"苍龙"亦为东方七宿的总称。"有如苍龙角"意为绳金塔地处府城东南，有如东方七宿苍龙之"角"星

[34] 同"骄"

[35] "欝多罗"又称"欝多罗僧"，指僧侣法衣中的上衣，样式为袒右覆左肩衣，为佛教比丘穿的三种衣服之一，礼诵、听讲、说戒时穿着

[36] 据《汉语大词典》"帝网"，佛教谓帝释所居忉利天宫上悬有珠网，上缀宝珠无数，重重叠叠，交相辉映

[37] 同"狞"

[38] 同"遍"

[39] "无缝塔"，《汉语大词典》曰"僧死入葬，地上立一圆石作塔，没有棱、缝、层级，故称无缝塔。以形如卵，又称卵塔"。张驭寰先生认为，称其为"中国窣堵婆"式塔较为合适。无缝塔在中国塔中自成一个独特的体系，国内目前最早见于唐代，宋金元皆有所见，明清则更多。这种塔"有建在佛寺殿堂里的，有建在佛寺旁侧的，有建在佛寺塔林里的，也有单独建在山顶上的"。（张驭寰《中国塔》第 101 页，山西人民出版社 2000 年 12 月第 1 版）

观自在三尊像，庄严岩岫，从壁湧[27]出。挟以两庑，前至于三门，门内甃[28]以方池，绀绿可鑑[29]，一如大伽蓝之制。讫功之日，则甲寅冬十一月[30]某甲子也。惟我如来，弘开度门，树塔立庙，所以使其见像起信，信为一切功德母，万善皆自此生，非徒耸观瞻而已也。矧[31]能助地形之胜，消弭灾害，阴骘生民，废而不兴，是岂人情也哉？道溟之与三比丘精进弗懈，终能遂所志而后止，非其才有过人者，不致是也。匡弘等不远千余里来请予记，因为历序其事而系之以赞曰：

稽首大慈父，利益于群生。塔婆[32]之所建，种种诸方便。耸起霄汉间，有如苍龙角[33]。人有遥观者，至诚皈命礼。不待登伽蓝，已足摄憍慢[34]。所以四大海，无处不建立。异僧何国人，杖锡来洪都。指地发铁函，中有设利罗。光耀夺人目，其数过三百。封缄重瘗之，树塔镇其上。四众方作礼，香雾空濛中，乃见僧伽像，作彼慈悯相，身披欝多罗[35]，手执青杨枝，欲开甘露门，以解热恼故，成坏虽相寻，神幻终不灭。影倒治工家，下锐而上弘，化导于众生，示以顺逆故，忽遭戎马兴，鞠为榴翳场，岿然憾风雨，中有不坏者。溟等发弘愿，誓加庄严力，荧荧五色光，出现于塔表，万目皆瞻仰，以为未曾有。施者如川至，不日告成功。栏楯互周匝，洞户各轩敞。帝网[36]日交参，宝珠仍绚烂。绘画诸菩萨，以及天龙众，拥护于先后，生狞[37]若飞动。自兹弹指间，湧殿及崇阁，一一皆现前。镇兹清净域，福遍[38]一切处。毕方不敢见，永无欝攸孽。人见有为迹，不知皆无为。会事归一心，无非无上道。我今作赞辞，笔下起楼阁。内有无缝塔[39]，光覆大千界。一涉思惟间，即堕外邪见。

（赵德林／整理、注释编撰）

重建绳金塔碑记 [1]

◎佟国勷 [2]

南昌之南郊外有古千佛寺，寺后有绳金塔，唐天佑 [3] 间建，距今七百余秋 [4]。康熙四十八年三月 [5]，塔全仆于地，无一瓦一椽之存矣。壬辰 [6] 冬，余承圣天子宠命来抚江右，甫抵章江，见广润门外市尘商贾之所辐辏，遭火烬甚烈，悯切余怀。及访诸耆老，佥以兹塔能镇火灾，大庇民居，且在巽方 [7]，关系合省文风，惜毁四年来无复能创建者。予思忝 [8] 荷封疆重任，凡有裨于地方民生宜竭力兴举，首遣人估计工直所费约巨万，经营揆 [9] 度是不可以滋派累役民力也。予遂独任捐造，鸠工庀材遴员董厥 [10] 事。或谓塔轮乃释氏所崇奉，阿育王 [11] 以为善果，故名都胜地所在皆有。然余初非有邀福之念，第魏然未必见其工，而赖焉则适形其患，即如形家言，闾阎 [12] 凭为休咎，居民上者其忍置之膜外耶。况豫章在大江以南，为吴楚闽粤吭喉要地，而南昌则十三郡屏翰之首，山川雄灏，人物挺秀于其间，素称才薮，则城南一塔屹峙云霄，用以振兴文教，禳除火灾，洵 [13] 不可不亟图焉。予昔廉察是邦 [14]，曾捐修广信郡钟灵桥以利往来，今阅十有余年，复抚旧治，而聿新斯塔，无非俯从民愿，以仰答圣主殊恩于万一耳。经始于癸巳五月 [15]，落成于甲午七月 [16]，统费白金一万两有奇，诸如木石砖瓦涂漆丹黝 [17]，务极坚厚辉煌为永久计。内通步梯，外绕栏槛，陟顶七级，高十七丈六寸，八方围圆共十丈一尺六寸 [18]，较旧制更式廓云。又葺新寺寮，庄严法相，併增甃石路，起进贤门至塔下，复迤而南，以弓计者长一千七百九十有奇，阔准一弓 [19]，盖之闽越者所必由焉。于是登绳金塔者仰瞻尧天舜日，四顾云物灿烂，灾浸永消，祯祥协应，共祝圣天子万寿无疆，予亦因斯民之乐而乐也欤，是为记。

（赵德林／整理、注释编撰）

[1] 民国魏元旷《南昌文征》卷十七、记五

[2] 佟国勷，字任庵，满洲镶黄旗人，清康熙五十一年（1712 年）10 月至康熙五十六年（1717 年）7 月任江西巡抚。康熙五十二年（1713 年）主持重建绳金塔，完成后作记

[3] 应为"天祐"

[4] "七百余秋"计算有误。绳金塔自唐天祐年间（904—907 年）至清康熙五十三年（1714 年）绳金塔重建完成佟国勷作记为止计算，实为八百余年

[5] 指夏历 1709 年 3 月

[6] 指清康熙五十一年（1712 年）

[7] "巽"为周易八卦方位之一，指东南方

[8] 忝，有愧于

[9] 揣测意

[10] "董"，监督管理意；"厥"，其他的

[11] 阿育王为古代印度摩揭陀国孔雀王朝的第三代国王，在位时间为公元前三世纪，相当于中国的战国时期。他统一了整个南亚次大陆，在战争期间大肆杀伐，后皈依佛教，崇佛教为国教，对以后佛教的发展有很大影响。传说其集八国佛真身舍利分成八万四千份，分送至世界各地建塔供奉，佛教典籍载中国有 19 座佛陀真身舍利塔

[12] "闾"，古代二十五家为一闾；"阎"，里巷的门，亦指里巷。"闾阎"，乡里，亦泛指民间

[13] 诚实，实在意

[14] 据清雍正七年谢旻修《江西通志》卷四十八、"秩官"，光绪六年刘坤一《江西通志》载，佟国勷为康熙三十五年（1696 年）江西按察使司按察使

[15] 指康熙五十二年 5 月，即夏历 1713 年 5 月

[16] 指康熙五十三年 7 月，即夏历 1714 年 7 月

[17] "丹"，红色；"黝"，黑色

[18] 据丘光明、邱隆、杨平著《中国科学技术史·度量衡卷》，清代 1 尺 =32 厘米，经换算绳金塔高 54.592 米、八方周长 32.512 米

[19] 据丘光明、邱隆、杨平著《中国科学技术史·度量衡卷》，清代官方量地尺以营造尺为准，1 弓 =5 尺，则进贤门至塔下石路长 2864.0 多米，宽 1.6 米整

重修绳金塔碑记 [1]

◎岳濬 [2]

南昌为江右一十三郡之首，天宝地灵，人物挺秀，夙称福地。城南有古寺一区，塔轮屹峙，创自唐天祐间，距今千百余岁矣 [3]。相传异僧发地得铁函，金绳四匝，中有古剑舍利，因建塔其上，名为绳金塔云。地当省会东南进贤门外，堪舆家金指为合省文峰，而商贾市尘鳞次辐辏，更藉厌胜火灾以庇民宅，则兹塔之所系顾不钜哉。乾隆二年余承天子命调抚是邦，凡有关于地方民生利害，辄周咨博访，次第举行。是年冬，余历其地，见兹塔之势倾，形剥而惧覆，压之，将为民患也。爰顾寮属诸君而言曰，是不可不亟为之所，然非私派力役可重累吾民为也，试估工直所费而捐葺之。维时诸君毅然各随愿力，而绅士耆民富商大贾亦奋然兴矣。众情乐附，共襄义举，统捐白金一千三百两有奇。于是遴员鸠工庀材，以涂以塈 [4]，瓴甓聿新，院宇辉映。是役也，经始于丁巳之腊月 [5]，落成于戊午之二月 [6]，不数旬而巍然焕然，为万目所瞻仰。官斯土者，公余之暇登临四望，见夫江山环列，城郭参差，烟树葱茏，楼台比栉，民物之阜，安于此可谂 [7]。而其南则八闽遥连，西则百粤控引，北当吴楚之衢，东览浙海之胜，星罗棋布，如在掌中。若夫瞻云就日，呼吸可通，而江湖魏阙之思，又令人系怀而不能去，予因之有厚望矣。夫雁王 [8] 建塔之说始自浮屠，而世俗沿为善果，兹役余岂为邀福，起信心而与吏民共施舍哉。《记》曰，"有其举之，莫敢废也"，而况能助地形之胜，以禳灾弭患阴陟生民者，何以膜视其废坠而不以修举为务，继自今章贡之间消鹑火 [9] 而振文风，或皆兹塔之所助。后之君子嗣而葺之，斯岿然长存，而兹省之胜永久不坠也，夫工竣爰记其事而砻之于石。

（赵德林／整理、注释编撰）

[1] 民国魏元旷《南昌文征》卷十八、记六
[2] 岳濬，四川成都人，清岳钟琪长子，以荫生入仕。乾隆元年（1736年）岳濬为江西巡抚，乾隆二年（1737年）主持重修绳金塔
[3] 绳金塔天祐年间（904—907年）至清乾隆二年（1737年）约830年左右
[4] 用白色涂料粉刷墙壁
[5] 清乾隆二年腊月即夏历1737年12月
[6] 清乾隆三年二月即夏历1738年2月
[7] 规谏、劝告意
[8] "雁王"，佛教语，领头的大雁，为佛三十二相之一
[9] 中国古代为了观测天象，将"二十八星宿"划为东、西、南、北四方星野，每方七宿，并与青龙、白虎、朱雀、玄武等动物形象相配，称为"四象"。南方有井、鬼、柳、星、张、翼、轸，为朱雀七宿，中部柳、星、张称鹑火，也叫鹑心。四方星野又与大地分野、干支五行相配。江西及南昌于星野为南方七宿之地，于干支为丙丁巳午，五行火旺，故曰"鹑火"

重修绳金塔记

◎刘坤一 [1]

　　余涖江之明年，属边境解严，民稍苏息。又二年，流亡渐复，岁亦告登。因念十数年兵燹之余，陵谷沧桑，嘅然有志兴举废坠，然寺庙无关祀典，台榭徒备，游观者犹以物力维艰，莫之敢议。籍绅刘养素 [2] 方伯 [3] 以城南之绳金塔为合省文峰，且可禳火灾，首请重修，余唯唯。以告同官文方伯友石 [4]，亦曰善举。由是敛费兴工，于丁卯七月 [5] 经始，至戊辰季冬 [6] 落成，巍然焕然，视前增美。又以馀赀重修塔前之千佛寺。琳宫辉映，遂为城南大观，阛阓之火灾至是果息，是科捷南宫 [7] 者二十有四人，仕宦诸公亦相继陟清要，晋封圻 [8]，称一时之盛。是形家 [9] 者言信不诬欤？抑适逢其会欤？夫南方于五行属丙，惟祝融 [10] 是司，在八卦为离，有文明之象，则是塔之建足以镇回禄 [11] 而启人文固宜，而余更有说焉。作善降祥，不善降殃，天人实相为感召，至人才之隆替，亦视学业何如耳。尔士民当益思所以自勉，庶几 [12] 沴气 [13] 消而休嘉 [14] 至，其掇 [15] 巍科而登显仕者必更盛于今日，是则余与两方伯公之所厚望，而未敢以一塔专其美也。是为记。

　　同治己巳年（同治八年 1869 年）仲春月

　　诰授荣禄大夫、振威将军、头品顶戴赏戴花翎、兵部侍郎、都察院右副都御史、巡抚江西等处地方兼提督衔、硕勇巴图鲁新补刘坤一譔。

　　前袁州府儒学教授南昌蒋芳 [16] 谨书。

（赵德林／整理、注释编撰）

[1] 刘坤一，字岘庄，湖南新宁人，湘军将领，参与镇压太平天国运动，官至两江总督加太子太保，为晚清重臣。同治四年至同治十三年（1865—1875）任江西巡抚，主持重修万寿宫、滕王阁、绳金塔

[2] 即刘于浮，字养素，南昌县梓溪（今南昌县向塘镇剑霞村）人，道光十四年举人，曾任清河知县，扬河厅通判。咸丰年间太平军围攻南昌时，刘于浮受命组建团练驻扎中州灵仙观，并负责筹办粮饷，协防南昌，后统军在江西围剿太平军，江西局势稳定后叙功迁知府衔

[3] 殷周时代一方诸侯之长，后泛称地方长官。汉以来之刺史，唐之采访使、观察使，明清之布政使均称"方伯"

[4] 文友石即文辉，满洲正蓝旗人，官至江西布政使

[5] 清同治六年七月，即夏历 1867 年 7 月

[6] 清同治七年季冬，即夏历 1868 年 12 月

[7] "南宫"指礼部会试，即进士考试

[8] "圻"，方千里之地，"封圻"指封疆大吏

[9] 形家，旧时以相度地形吉凶、为人选择宅基、墓地为业的人，也称堪舆家

[10] 上古帝喾时的火官，后尊为火神。亦以为火或火灾的代称

[11] 相传为火神之名，引伸指火灾

[12] 或许可以，希望

[13] 恶气

[14] 美好嘉祥

[15] 拾取，摘取

[16] 据民国魏元旷《南昌县志》卷二十二、选举志三、科第下，蒋芳字篆云，南昌人，清咸丰元年辛亥乡试举人，为万载教谕，袁州教授。清季疫，叶眉蓦录《皇清书史》卷二十六，记其书法宗柳公权，挺拔劲健

第五章　历代诗文

一、元代诗文

豫章贡院即事诗 [1]
◎吴澄（宋末元初）

客里秋光好，归心不厌迟。
墙低孤塔见，院静一帘垂。
隔纸闻风怒，临阶看日移。
宛然似三径，未负菊花期。

又和张仲美诗
◎吴澄（宋末元初）

墙外浮屠压古城，案头文字浩纵横。
不辞霜鬓年华老，又办天朝岁贡英。
秋陇故园迷蝶梦，晓窗客枕厌鸡声。
何当孺子亭前去，快想高风浣俗情。

　　吴澄（1249—1333年），字幼清，晚年改字伯清，抚州崇仁（今江西崇仁县）人。幼年聪慧勤奋，宋末时应乡贡中选，试进士落第。宋亡后隐居家乡，潜心著述，学者称其为"草庐先生"。元至大元年（1308年），召为国子监丞，升司业；英宗即位迁翰林学士；泰定元年（1324年）为经筵讲官，敕修《英宗实录》。元统元年（1333年）卒，年八十五，赠江西行省左丞、上护军，追封临川郡公，谥"文正"。

　　吴澄为南宋至元时著名经学家、理学家、教育家，元时与许衡齐名，并称"南吴北许"，为"国之名儒"。著《五经纂言》等，有《吴文正公全集》传世。

　　元时吴澄曾讲学于南昌，"元贞初，游龙兴，按察司经历郝文迎至郡学，日听讲论，录其问答，凡数千言[2]，时行省掾元明为其学问所叹服。"

[1] 清同治《南昌县志》卷二、建置志上、公所、贡院
[2] 明宋濂《元史》卷一百七十一、列传五十八

二、明代诗文　　（一）

登绳金塔望庐山 [1]
◎杨基（元末明初）

　　过鲁必谒岱，入洛须望嵩。嗟余夜半入彭蠡，月黑不见香炉峰。明登望湖亭，雨气何空蒙。山僧指点笑五老，正在烟云中。今朝蹑层梯，高标揭晴空。匡庐远出百里外，紫翠映带春霞红。虽云仿佛见颜色，已觉浩荡开心胸。在山看青山，佳处未尽逢。不如迥立万仞表，一日览尽千玲珑。何当生羽翰，两腋乘天风。不论雨雪与晴霁，回翔下上饱玩八面青芙蓉。

　　杨基（1326—？年）字孟载，号眉庵，原籍为蜀地嘉川（今四川乐山），元末明初诗人，其所著诗名《眉庵集》。江朝宗（明代进士出身、广东市舶提举、前翰林院侍读学士）为《眉庵集》作序，记曰，杨基"因大父仕江左而生

[1] 明杨基撰《眉庵集》卷五、长短句体
[2] 民国魏元旷《南昌邑乘诗征》卷四、七言律

吴中，遂家焉"，明初时入仕为官，"初任荥阳令，再谪钟离（今安徽凤阳），闲居江宁（今江苏南京）、句曲（今江苏句容县）。久之，被荐升江西省幕宾，复使湖南广右，累官山西按察使"。杨基尤工于诗，文采秀丽为名流所称，"与高启、徐贲、张羽为诗友，故时有高杨张徐之称"。杨基为明江西省府幕宾期间多有诗作，如《登豫章城忆滕王阁故基》[2]。此长短句诗为杨基过彭蠡庐山至南昌后登绳金塔时所作。

（二）

绳金塔 [1]

◎曾棨（明）

地藏舍利隐金绳，百尺浮屠试一凭。
云里高标惊过客，月中孤影伴残僧。
风传铃铎和朝梵，星绕阑干杂夜灯。
向夕始知临眺久，苍苍烟树入钟陵。

曾棨，字子棨，号西墅，江西吉安永丰县人。史载其"生而异貌魁伟，博闻强记"[2]，永乐二年，殿试为进士一甲状元。曾棨文章捷敏，"信笔千百言立就，辞理俱到……文如源泉奔放，一泻千里"[3]，才学名闻天下，深得明成祖褒宠。官授翰林修撰，修永乐大典为副总裁。后迁侍读学士、左春坊大学士、少詹事。宣德七年卒，赠礼部左侍郎，谥襄敏。

曾棨工文词、书法。草书雄放，独步当世，"词锋艳发如青萍倚天，韵语清华若红蕖秀水"[4]，诗则有唐人之风致。曾棨游历南昌时，赋诗颇多，南昌古"豫章十景"中，曾棨有其八景之七言律诗传世，分别为"洪崖丹井""西山积翠""南浦飞云""滕阁秋风""章江晓渡""龙沙夕照""铁柱仙踪""徐婷烟柳"。

[1] 清《钦定四库全书》明诗初集七十、明曹学佺编《石仓历代诗选》卷三百五十
[2] 清陈梦雷《古今图书集成》明伦汇编氏族典卷诸姓部二十八、曾姓部列传
[3] 明焦竑《玉堂丛语》之一、文学
[4] 明王世贞《明诗评》明诗评三、曾少詹棨

（三）

豫章十咏·绳金塔 [1]

◎王直（明）

宝塔崔嵬近日华，雕甍绣拱护晴霞。
风飘灵籁和天乐，云绕回栏助雨花。
直视湖山千里道，下窥城郭万人家。
高秋却忆曾题处，何日还回上汉槎。

[1] 民国魏元旷《南昌邑乘诗微》卷四、七言律、豫章十咏

王直，字行俭，号抑庵，江西吉安泰和县人。幼年家贫，然勤奋好学，加之聪敏绝伦，永乐二年（1404年）高中金榜，与曾棨等吉安同乡多人为同科进士，列二十八宿庶吉士，入文渊阁缉学，授修撰。事明成祖、仁宗、宣宗、英宗、代宗等多朝五十余年，累迁少詹事兼侍读学士、礼部侍郎、吏部尚书等，为官恭勤不怠，廉慎自守。英宗亲征也先，王直率群臣谏阻未纳，土木堡之变后，王直又力主遣使迎接英宗回归。景泰八年（1457年）英宗复辟，王直幸免贬谪，后乞休回乡终老，天顺六年（1462年）卒，年八十四岁，赠太保，谥号文端。

王直学富才敏，诗文清致、典雅纯正，有宋元之遗风，其作有《抑庵集》。

（四）

绳金塔 [1]

◎吴国伦（明）

古塔峻嶒万象蟠，西山如鹜捧危栏。
扶筇渐与弥天近，引筏新知觉路宽。
双树影回平野暮，百铃声彻大江寒。
毫光夜夜凌无极，并作南州斗气看。

吴国伦（1524-1593年），字明卿，号川楼子、南岳山人、惟楚山人，湖北武昌府兴国人（今湖北阳新县），明嘉靖二十九年（1550年）进士。初授中书舍人，迁兵科给事中。因忤严嵩，被假他事谪江西按察司知事，量移南康推官，调归德，两年后弃官回乡。严嵩事败后，重新起用为建宁府同知、邵武知府、高州知府、贵州提学副使、河南左参政等。为官时吴国伦正直不附权贵，敢说敢为，"识高气峻，不能迎合，而阁议坦怀未尝有所矫饰"[2]，因之在京师得罪权相严嵩遭贬。任高州知府期间，倭寇屡犯，吴国伦组织军民奋勇抗击，功绩卓著。

吴国伦是明代嘉万时期著名的文学家、诗人，他与李攀龙、王世贞、谢榛、宗臣、梁有誉、徐中行等人唱和结社，为"后七子"之一，在中国文学史上有重要的影响。吴国伦一生著作颇丰，诗文中有很多登临揽胜之作，在江西有登滕王阁、绳金塔、庐山等诗，也有很大一部分与佛道有关。其诗"在遣词炼字上追求醇厚朴实字句，无论是刻画风景，还是抒发情怀，甚少夸饰之词。如'双树影回平野暮，百铃声彻大江寒'，诗句中情景交融，诗中有画……体现了对以杜诗为代表的唐诗美学风格的传承"[3]。

吴国伦才气横放，好客轻财，为官、宦游足迹遍及国内各地，交好甚多，与南昌余曰德、朱多煃亦为好友，往来甚密。

[1] 民国魏元旷《南昌邑乘诗征》卷四、七言律；清陈弘绪《南昌郡乘》卷之五十三、艺文志十二，该篇标题作"绳金塔寺"
[2] 明何乔远撰《名山藏》卷八十六、臣林记（文范）
[3] 严艳《吴国伦诗文研究》2014年6月暨南大学硕士学位论文

（五）

登 塔 [1]

◎ 余日德（明）

谁辨龙沙万劫灰，相轮高倚白云回。

庐峰对似孤飞鹭，章水看疑一渡杯。

深夜珠光浮舍利，半空金色见如来。

西方有客曾为语，无数莲花井上开。

[1]民国魏元旷《南昌邑乘诗微》卷四、七言律。清陈弘绪《南昌郡乘》卷之五十三、艺文志十二，该篇标题作"绳金塔寺"

[2]民国魏元旷《南昌县志》卷三十八、人物九

[3]严艳《吴国伦诗文研究》，2014年6月暨南大学硕士学位论文

[4]陈强《吴国伦年谱》，2004年5月5日复旦大学硕士学位论文

余日德，初名应举，字德甫，南昌人，明嘉靖二十九年（1550年）进士，授刑部主事，官至福建按察司副使，刘坤一《江西通志》、魏元旷《南昌县志》等史籍有传。在刑部时余与李攀龙、王世贞等后七子相倡和，后与魏裳、汪道昆、张佳允（《明史》列传文苑中作"胤"）、张九一称"后五子"。归田后诗道益振，尤善五七言近体，为李攀龙所嘉赏，至叹为大江以西一人[2]。著有《午渠集》《德甫诗集》。

余日德与吴国伦为同科进士，与朱多煃（字用晦，朱权六世孙，奉国将军，瑞昌辅国将军朱拱树之子）又同为南昌人，三人皆好诗书，志趣相投，甚为交好，在南昌常有相会宴吟。吴国伦因知高州御岛寇有功而迁贵州提学，自岭南返乡过赣州大庾岭至南昌南浦，曾与余日德、朱多煃就舟中夜谈赋诗。余日德由按察副使归豫章城，种芙蓉环园，与朱多煃共建芙蓉社，在芙蓉馆招饮文人宴集赋诗，吴国伦多有参与唱和[3]。万历十一年（1583年）十二月八日余日德卒，翌年正月吴国伦闻讣，哀痛作诗《哭余德甫二十韵》[4]。

该诗描写了绳金塔巍峨屹峙，登高望远，金塔夜色的景象，具有浓郁的佛教意境。

（六）

绳金塔寺 [1]

◎ 熊明遇（明）

城南杰构法王宫，宝塔标长插太空。

炉气霏霏千地影，钟声隐隐四天风。

旃檀晓阁经驮马，鹦鹉晴林树拂虹。

三十年来僧尽老，禅房何处见旻公。

辛卯读书寺中至辛酉，三十年止一老僧在耳

[1]民国魏元旷《南昌邑乘诗微》卷四、七言律

熊明遇（1579-1649 年），字良孺，号坛石，明南昌府进贤人（今属南昌县泾口乡东湖村[2]），万历二十九年（1601 年）进士，授长兴知县。仕宦万历至崇祯，官至兵部尚书，人称"熊大司马"，明亡后与子人霖（崇祯进士）等辗转福建，归乡后卒。

熊明遇为官地方颇有政绩，"簿书剖决如流，在任七年兴利除害，道不拾遗"[3]。对吏治、时弊等亦多有论劾疏陈，仕途起伏。著有《格致草》《绿雪楼集》等，"是明末清初西学东渐的代表人物之一，其西学成就已引起海内外学者的关注"[4]。

此诗附言中"辛卯"指万历十九年（1591 年），熊明遇时为 12 岁，正值少年寒窗苦读。9 年后（1600 年）熊为举人，中举第二年（1601 年）为进士。"辛酉"为天启元年（1621 年），熊明遇 42 岁，当年进为太仆少卿，后擢南京右佥都御史。从附言中可知，熊明遇"绳金塔寺"诗应为天启元年所作，自其少年读书寺中至天启元年，三十年间弹指而过，熊已过不惑，仕途坎坷。故地重游，景物依旧而物是人非，颇为感慨。

[2] 邓爱红《明代熊明遇之母王太孺人墓志铭考释》，《江西教育学院学报》（社会科学）2009 年 8 月第 30 卷第 4 期
[3] 清嵇曾筠《浙江通志》卷一百五十一、名宦（六）、湖州府、明
[4] 同注[2]

（七）

绳金塔[1]

◎ 欧阳瑛（明）

神工甃甓突峥嵘，拾级凌虚快体轻。
渐远山河看转细，最高天地望疑平。
孤山削汉标双碣，九汇浮空砥一泓。
我欲大千多宝摄，法华偈诵矢心盟。

欧阳瑛，明代人，生平事迹不详。

[1] 清陈弘绪《南昌郡乘》卷之五十三、艺文志十二、诗

三、清代诗文 （一）

绳金塔[1]

◎ 熊文举（明末清初）

依城拔地欲摩天，尚记王孙狎纸鸢。
龙藏顿连新壁垒，燕呢吹落旧居廛。

[1] 清陈弘绪《南昌郡乘》卷之五十三、艺文志十二、诗

难支浩劫偏疑佛，不解明心亦问禅。

独上崔巍还雪涕，苍梧环珮总凄然。

熊文举，字公远，号雪堂，江西新建人，明崇祯四年（1631 年）进士，授合肥县令。明末农民起义军围城合肥，熊文举率军御敌，叙功擢吏部郎中。降清后仍仕原官，又迁右通政、吏部右侍郎、左侍郎。康熙元年起为兵部左侍郎，二年病归，八年卒，著有《雪堂全集》《耻庐集》等。

熊文举为明清贰臣，乡里时人对其"失节"多有贬词，熊文举亦怀愧悔之心，《绳金塔》诗描写了其面对摩天高耸的绳金塔对前朝明室的留念，表达了在世人的不解和非议之下凄然感伤的复杂心态。

（二）

正月四日登绳金塔还过百花洲访某上人 [1]

◎杨大业（清）

放眼浮屠最上层，百花洲畔又寻僧。

几年辜负春光好，近日分张野与乘。

庐阜清吟推惠远，苏门长啸愧孙登。

丈夫失志当终隐，肯学河鱼冻负冰。

杨大业，字藏用，清康熙十六年（1677 年）生，四川天全（今四川雅安市天全县）人，杨自唐（字翊清，号清藩，为天全宣慰使，征西泸功晋左都督，封荣禄大夫）长子。善使袖箭及刀法，武艺高强，"边人畏之" [2]。亦善诗文，"著兵法，览古词三卷" [3]。因征西泸运粮有功，袭宣慰使。雍正间改土归流，随父自唐徙置于南昌，其时正是佟国勷重建绳金塔后仅十余年。"及居南昌，与弟振业纵情诗酒，遨游山水间，自号花洲渔隐" [4]，乾隆二年（1737 年）卒。

杨大业文武双全，自随父远离故土入籍南昌后，失意惆怅，心怀归隐，此诗即其登临绳金塔感悟而作。

[1] 民国魏元旷《南昌邑乘诗微》卷四、七言律、国朝（清）
[2] 民国魏元旷《南昌县志》卷四十三、人物志十四、寓贤、杨自唐
[3] 同上
[4] 清刘坤一《江西通志》卷一百三十九、列传、南昌府

（三）

南昌杂诗[1]

◎周天度（清）

绳金塔影自幢幢，面面红阑拓绮窗。
怖鸽依人驯药地，游鱼听法上云扛。
城隅芳草调春骑，炉畔飞花人酒缸。
自笑生涯原濩落，暂将字水拟钱江。

周天度，字让谷，一字西隒，号心罗，浙江钱塘（今浙江杭州市余杭区塘栖镇）人[2]。乾隆十七年（1752年）进士，历官许州知州。周天度性格豪迈，好游览登临，所到之处皆有吟咏诗赋，时人多诵之。有《十诵斋集》四卷。

[1] 民国魏元旷《南昌邑乘诗徵》卷四、七言律、国朝（清）
[2] 清王同撰《唐栖志》卷十二、志耆旧下

（四）

登绳金塔漫兴[1]

◎黎良德（清）

金界浮屠叠九层，争先直上嗟无能。
欲尽南州归一览，呼童踊跃挽吾登。
举头去天不盈尺，俯视大空但虚白。
坳堂一勺鄱阳湖，轻萍几点吴王国。
五老峰前云海宽，千山万水蛟龙蟠。
荒池不见人洗马，西山犹想仙骑鸾。
信手频推日轮转，瞬息东西疾如箭。
拄藜拂碎红云花，竟入青霄紫金殿。
弦管齐鸣玉宴开，群仙对坐倾霞杯。
忘形尽说三生话，拂袖乘风归去来。

黎良德，字质存，清福建宁化人，少以《金陵怀古》诗得名，人称"黎怀古"。流寓南昌潮王洲，"取篷覆屋如舟，左右开窗，荡漾江山，自号曰篷艇客，盛乐为作篷艇歌"[2]。喜交好诗人文士，酣饮其中，年七十余卒。著有《漫游草》。

[1] 民国魏元旷《南昌邑乘诗徵》卷二、七言古、国朝（清）
[2] 民国魏元旷《南昌县志》卷四十三、人物志十四、寓贤、黎良德

（五）

登绳金寺塔 [1]

◎盛乐（清）

新秋好天气，挟策从所务。

廓落层台上，开怀得远趣。

山河势屡迁，草木隐尘雾。

微云足下流，秋风飒然度。

遥望苍冥间，森森三珠树。

青鸟游帝乡，杏蔼空中住。

天风四山来，吾将御之去。 [2]

[1] 清曾燠《江西诗征》七十三、国朝九

[2] 清金德瑛、沈澜《西江风雅》卷一、五言古中作"天风四处来，吾将与俱去"

　　盛乐，字水宾，号剑山，清江西武宁人。七岁能诗，十一岁通经史。乾隆元年（1736 年）以贡生应试博学鸿词不第，回归后独自著述，益沉酣诗文，推为章江人杰，杨子载、汪轫皆从而师之，著有《剑山集》。

（六）

同杨子载登绳金塔分韵 [1]

◎李景修（清）

同是悲秋客，离愁那暂宽。

夕阳千树老，疏雨一城寒。

莫唱阳春曲，应歌蜀道难。

几时天路近，搔首白云端。

　　李景修，字永文，清南昌人，有《雪亭诗抄》。

　　杨子载即杨厚，杨大业子，南昌人。以诗名江城，时与武宁王轫、南丰赵日仪、铅山蒋士铨有江西四子之称，乾隆十八年拔贡，年仅三十二卒，著有《耻夫诗抄》《芳悦录》。

[1] 民国魏元旷《南昌邑乘诗微》卷三、五言律、国朝（清）

（七）

绳金塔 [1]

◎余韵（清）

孤高不千仞，盘郁已干霄。
半壁东南日，三江早晚潮。
残碑青草断，古阁暮烟消。
谁洒六尘净，狂歌出沆廖。

余韵，字寄山，清南丰人，著有《声谷诗抄》。

[1] 清曾燠《江西诗征》七十七、国朝十三

（八）

登绳金塔和汪鱼亭韵 [1]

◎叶宏世（清）

凭高一眺望，天地正寥寥。
水落滩声缓，风吹草色消。
云中无过雁，山外有飞雕。
白日当西下，明河转碧霄。

叶宏世，字镜宇，清南昌人。

[1] 清金德瑛、沈澜《西江风雅》卷九、五言律

（赵德林 / 整理、注释撰文）

第六章　绳金塔文物

一、地宫文物 /Cultural Relics in the Underground Palace

　　1983 年 5 月经国家文物局、江西省文化局（后为文化厅）批准同意，南昌市人民政府决定重修绳金塔。1987 年 12 月，塔心室中央表土 12 厘米下发现塔基地宫，地宫为竖穴砖砌，长、宽 80 厘米、深 66.5 厘米，宫口以红色条石覆盖。地宫内埋藏有汉、唐、宋、明、清时期文物计 36 件（套），主要为陶瓷器、青铜器、铁器、锡器、金、银、玉、琉璃、珍珠、玛瑙、珊瑚、五谷等，从地宫的形制及出土文物看，该地宫当为清代地宫，与绳金塔修建历史相吻合。这些文物摆放有致，以中部陶函及放置其上的铜镜、铜如意、五龙青铜洗、玉碗为中心，两侧分别置铜壶、铜簋；东南西北四角置装有五谷、佛家七宝的陶樽、青花盖罐及铁钟、青瓷碗等，地宫遍撒铜钱。从器物在地宫摆放的位置看，有明显的类似祭祀的仪轨和规律。清代绳金塔既为佛塔又为文峰塔，而地宫中部的埋藏物以"五子登科"大铜镜、五龙青铜洗、铜如意、玉碗等为中心，具有突出多出科甲人才，文脉昌盛、如意幸福之涵义。置于四周的五谷意为风调雨顺、五谷丰登、国家社稷太平安康；铁钟置于南方，乃取镇火、镇邪、消灾之意；而佛家七宝则具有典型的佛教意义。

（赵德林 / 文）

In May, 1983, approved by the State Bureau of Cultural Relics and Jiangxi Provincial Bureau of Culture, Nanchang Municipal People's Government began the restorations works of Shengjin Pagoda. And in December, 1987, the underground palace of the Pagoda was discovered 12cm beneath the center. The palace was a bricked vertical cave which was of a height and width of 80cm and a depth of 66.5cm, covered with red stones. There were 36 pieces (sets) of cultural relics in the palace of Han, Tang, Song, Ming and Qing dynasties, including pottery wares, ceramics, bronze wares, iron wares, tin wares, gold, silver, jade, colored glaze, pearls, agates, corals and five cereals.

In view of the shape and structure of the underground palace as well as the unearthed cultural relics, the underground palace was built in Qing Dynasty, which was in accordance with the history of the construction of Shengjin Pagoda. The unearthed relics were in perfect order. The center was placed with the pottery box, on which were bronze mirror, bronze Ruyi, bronze five dragon brush washer and jade bowl. On both sides of the pottery box were bronze kettles and food vessels. And in each direction of the palace were placed with pottery Zun with five cereals or seven treasures of Buddhism, blue-and-white pots with lids, blue-and-white bowls and so on. Besides, bronze coins were scattered on the ground of the palace. In light of the above-mentioned, the palace was in line with the ritual procedure of sacrifice.

Shengjin Pagoda in the Qing Dynasty was a Buddhist pagoda and a Wenfeng pagoda, and the unearthed relics in the underground palace were of the implications of talented figures, prosperous society and happy life. The Five Cereals Bronze Ware implied a bumper harvest of all crops and a peaceful society; the iron bell in the south implied the removal of all evils and disasters, and the Seven Treasures were of typical significance of Buddhism.

清长方形陶函

Rectangular Pottery Box of Qing Dynasty

通高 23.3 厘米、函高 15.0 厘米、长 38.2 厘米、宽 20.5 厘米。

1987 年出土于绳金塔地宫正中，其下为清"五子登科"铭文铜镜。

Total height: 23.3 cm; Box height: 15.0cm; Length: 38.2 cm; Width: 20.5 cm.

In 1987, it was excavated in the center of the underground palace, under which was a bronze mirror with the inscription of Five Sons Passed the Imperial Examinations in the Qing Dynasty.

长方形，直口，盖为盝顶。函内有唐代、清代铜钱数百枚。

佛教传入中国以后，开始传入的是经、像，后来出现佛寺，建造佛塔瘗埋舍利也传入国内。舍利瘗埋容器多样，有瓶、罐、盒、塔等，有的仅有石（陶）函，函均为盝顶，有的函内放舍利瓶，规格较高的会用铜函，铜函内置舍利瓶。至唐高宗时，武则天"为舍利造金棺银椁"，考古发掘发现了很多实例，以甘肃泾川大云寺塔地宫为例，舍利瘗埋容器自外至内依次为：石函、铜函、银椁、金棺、舍利瓶。随同舍利瘗埋的供养品主要是"七宝"，分别为金银、琉璃、车渠、玛瑙、珍珠、玻璃、琥珀等。绳金塔陶函内出土铜钱，地宫也遍撒铜钱，这样的考古实例很多，研究认为源于须达多以"黄金铺地"向波斯王太子祇陀购买花园为佛陀建精舍的故事，也有人认为函内的铜钱意义不在于钱币，而在于其金银质地，即为"七宝"之一。

（王　静 / 文）

It is rectangle with straight mouth and top cover of Lu (a small dressing table). There are hundreds of copper coins from the Tang and the Qing dynasties. Since the introduction of Buddhism, Buddhist scriptures and the figure of Buddha began to be introduced into China, and then as the appearance of Buddhist temple, the pagoda of Buddhist relics were also introduced. Buddhist relics had diversified containers, including bottles, cans, boxes, towers and so on, some of which was only stone (pottery) letter with Lu top, some of which are put in sarira bottles, and fewer of which was copper letter with sarira bottles. In Tang dynasty, Empress Wu Zetian built gold or silver coffins for sarira. There are many excavated examples. In the underground palace of Dayun Temple in Jingchuan, Gansu province, sarira containers from outside to inside in the order were stone box, copper box, silver outer coffin, gold inner coffin, and sarira bottles. The main offerings accompanying sarira were "seven treasures", including gold, silver, colored glaze, canal, agate, pearl, glass, amber and so on. The pottery box in Shengjin Pagoda had many unearthed coppers and the coppers were presented in underground palace. There are many similar excavated examples. Researchers considered that it may originated from the story that Sudatta bought gardens by putting gold everywhere from Persian Prince to build sarira house for the Buddha, while others believed that the coppers in the box didn't mean money but the material for it was one of the "Seven Treasures".(Written by Wang Jing)

唐开元通宝铜钱

"Kai Yuan Tong Bao" Copper Coin Tang Dynasty

直径 2.3 厘米、穿径 0.6 厘米、厚 0.1 厘米。

1987 年出土于绳金塔地宫陶函内。

Diameter: 2.3cm; Diameter of the square hole: 0.6cm; Thickness: 0.1cm.

Unearthed from the pottery box in the underground palace of Shengjin Pagoda in 1987

清康熙通宝铜钱

"Kang Xi Tong Bao" Copper Coin Qing Dynasty

直径 2.6 厘米、穿径 0.6 厘米、厚 0.1 厘米。

1987 年出土于绳金塔地宫陶函内。

Diameter: 2.6cm; Diameter of the square hole: 0.6cm; Thickness: 0.1cm.

Unearthed from the pottery box in the underground palace of Shengjin Pagoda in 1987

清乾隆通宝铜钱
"Qiang Long Tong Bao" Copper Coin Qing Dynasty

直径 2.4 厘米、穿径 0.5 厘米、厚 0.15 厘米。

1987 年出土于绳金塔地宫陶函内。

Diameter: 2.4cm; Diameter of the square hole: 0.5cm; Thickness: 0.15cm.

Unearthed from the pottery box in the underground palace of Shengjin Pagoda in 1987

清道光通宝铜钱

"Dao Guang Tong Bao" Copper Coin Qing Dynasty

直径 2.5 厘米、穿径 0.5 厘米、厚 0.1 厘米。

1987 年出土于绳金塔地宫陶函内。

Diameter: 2.5cm; Diameter of the square hole: 0.5cm; Thickness: 0.1cm.

Unearthed from the pottery box in the underground palace of Shengjin Pagoda in 1987

清同治通宝铜钱

"Tong Zhi Tong Bao" Copper Coin Qing Dynasty

直径 2.4 厘米、穿径 0.4 厘米、厚 0.1 厘米。

1987 年出土于绳金塔地宫陶函内。

Diameter: 2.4cm; Diameter of the square hole: 0.4cm; Thickness: 0.1cm

Unearthed from the pottery box in the underground palace of Shengjin Pagoda in 1987

唐青釉敞口碗
Green glazed Wide Opening Mouth Bowl Tang Dynasty

口径 17.9 厘米、足径 9.0 厘米、高 6.6 厘米。

1987 年出土于绳金塔地宫东侧下部。

Rim diameter: 17.9cm; Bottom diameter: 9.0cm; Height: 6.6cm.

Unearthed from the east part of the underground palace of Shengjin Pagoda in 1987.

食器。瓷器。敞口、弧腹、玉环底。施青釉，外不及底。釉色青中泛黄。胎体厚重，胎质呈紫红色。碗内底有五个支钉痕。支钉支烧，最早出现于东汉晚期。支钉是一种间隔性窑具，其托面呈圆饼形，另一面安有 3-5 个等间距圆锥形足钉。当温度达到釉胎融合阶段时，足钉与器物发生粘釉，便留下了支钉痕。

绳金塔始建于唐代，在清代地宫里出土的这只青釉碗，是否是唐代绳金塔的遗物还有待于今后的发现和考证。
                                                                （何　莉 / 文）

Tableware. This porcelain is designed with wide opening mouth, curved belly and jade−ring bottom. The body of the bowl is glazed in green glaze. The color of the glaze is yellowish green. The roughcast is thick and heavy in fuchsia. There are five Kiln Rack Nail marks left in the bottom of the bowl. The sticks nailed firing first appeared in the late Eastern Han Dynasty. The Kiln Rack Nail is a kind of interval kiln furniture, which has a round cake−like bottom and the other side with 3−5 equal interval conical nails. As the temperature reaches the level that glaze and roughcast could fuse, the glaze sticking emerges in the nails and object, thus leaving the nails marks. Shengjin Pagoda was built in Tang Dynasty. Whether the Green−glaze bowl, unearthed from the underground palace in Qing Dynasty, belongs to the relics of Shengjin Pagoda in Tang Dynasty or not, which depends on later exploration and research. (Written by He Li)

唐灰陶樽

Gray Pottery Zun Vessel Tang Dynasty

口径 16.3 厘米、足径 10.7 厘米、高 16.8 厘米。

1987 年出土于绳金塔地宫西北角，内有粟、稻。

Rim diameter: 16.3cm; Bottom diameter 10.7cm; Height: 16.8cm.

Unearthed from the northwest corner of the underground palace of Shengjin Pagoda in 1987, with millet and rice in it.

盛酒器，灰陶质。敞口，圆唇，深腹下收，喇叭形高圈足，内底可见明显旋坯痕，施黑衣。胎体厚重，较粗松。

许慎《说文》中无"樽"字，字本作"尊"。尊为商周时期的青铜礼器，战国以后少见。樽则为战国时期出现的日常实用酒器，其盛行于汉晋，流传于中唐。在汉代，酒一般藏在瓮、榼或壶中，饮宴时先将酒倒入樽中，再用勺酌入耳杯奉客。此樽出土时内盛粟、稻至半，应为佛事活动中祈求五谷丰登之用。

（何　莉／文）

It is the wine vessel and made of gray pottery. It has an outward mouth, round lip, swelled belly and flared high round foot. The vessel could be seen the obvious rotating marks in the bottom, and with black covering. The roughcast is thick, heavy and loose.

In Xu Shen's *Shuo Wen Jie Zi*, the word "樽 (Zun)" is nonexistent, which should be the word "尊 (Zun)". The latter is the bronze ritual ware in Shang and Zhou Dynasties. Since the Warring States Period, it had been faded into obscurity, while the former was the daily wine vessel that emerged in the Warring States Period. It was popular in Han and Jin Dynasties and spread in Middle Tang Dynasty. In Han Dynasty, the wine is usually stored in jars or pots. In banquets, people poured the wine into Zun, then ladled the wine into the Ear Cup to entertain the guests. It was unearthed with half of millet and rice, and it should be used for praying the harvest in the Buddhist activities. (Written by He Li)

粟、稻

Millet and Rice

重 35.0 克。

1987 年出土于绳金塔地宫陶樽内。

Weight: 35.0 grams.

In 1987, they were unearthed in the pottery goblet in the underground palace.

　　粟是一年生草本植物，籽实为圆形或椭圆小粒。北方通称"谷子"，去皮后称"小米"。《说文解字》："粟，嘉谷实也（美好的百谷的籽实意）；古代称"粟为五谷之长"，《韵会小补》记："粟为陆种之首，米之有甲者"。也有称"粟"为黍稷粱秫的总称，凡有壳者皆可称"粟"。"稻"亦为一年生草本植物，籽实称"稻谷"，去壳后称"大米"。有水稻、旱稻之分，通常指水稻。粟、稻皆属"五谷"。

（赵德林／文）

Millet is an annual herbaceous plant. Its seed is a round or elliptic grain. In north, it is generally called as "foxtail millet", and called as "millet" after decorticating. The explanation in *Shuo Wen Jie Zi* goes: "Millet is the seed of all the wonderful grain." In ancient times, millet is the priority among five cereals. *Yun Hui Xiao Bu* also says: "Millet is the best choice among the crop in land and the food." And millet could also be the general term for glutinous millet, glutinous rice, sorghum and soybean. All the crops with the hull are regarded as millet. Rice is also an annual herbaceous plant. Its seed is called rice, or polished rice after decorticating. It consists of paddy rice and dry rice. And the rice usually refers to paddy rice. Both millet and rice are the five cereals. (Written by Zhao Delin)

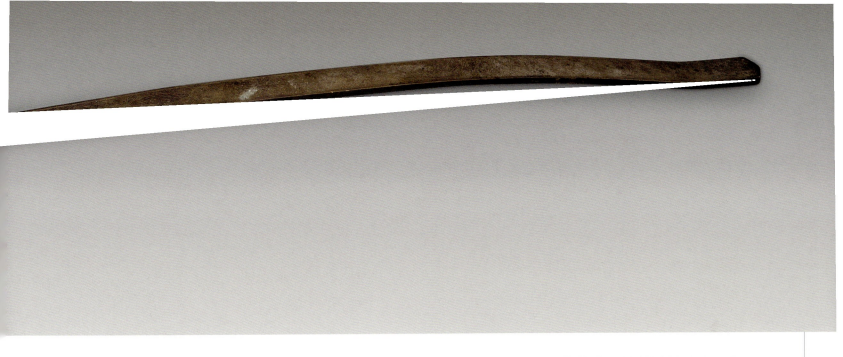

清錾刻灵芝花卉"雅座在泉石"铭长柄铜如意
Copper Ruyi handle Carved with Glossy Ganoderma and Flowers with the Chinese inscription of Ya Zuo Zai Quan Shi Qing Dynasty

通长 52.0 厘米、柄宽 2.4 厘米、厚 0.3 厘米。

1987 年出土于绳金塔地宫长方陶函之上。

Length: 52.0cm; Width of the headpiece: 2.4cm; Thickness: 0.3cm.
Unearthed in the pottery box from the underground palace of Shengjin Pagoda in 1987.

陈设品。上端卷曲呈灵芝纹，柄身扁平微曲并刻划各种纹饰。正面依次有如意云头纹、叶纹、灵芝纹、锦纹、海水纹、菱格纹、牡丹纹、钱纹；背面有草书铭文"雅座在泉石，清谈吐珠玑"，铭文上下各饰有叶纹、荷花纹和波浪纹。

如意起源于日常生活的搔背工具，前端作手指形，搔挠手不能及处之痒，能够如人之意，故称如意。以后如意功能与形态发生分化，民间保留实用功能，形态无大改变；帝王及达官贵人强调吉祥含义，因而演化为陈设珍玩。

在宗教活动中，如意既为佛教所用也为道家所用。在佛门中僧侣讲经说法常手持如意，记经文于上，以备遗忘；在道教中，天尊仙灵亦手捧如意演说教化。绳金塔地宫出土青铜如意饱含着祈福南昌吉祥美好的寓意。

（黄 丽/文）

Furnishing. Its headpiece is curly and made in the patterns of glossy ganoderma. The handle is flat and slightly curved, craving with various patterns. In the front, the handle craves with the patterns of Ruyi-cloud, leaf, glossy ganoderma, brocade, water wave, lattice, peony and currency. In the reverse, we could see the cursive inscription of "The comfortable seats are in the mountains and rivers, the communication between people is graceful and insightful", decorating with the patterns of leaf, lotus and wave.

Ruyi-handle originates from the scratchback in daily life. Its head is made in the shape of figures, which could starch the itching parts that hands could not reach. It could achieve people's expectation, so we named it Ruyi. Afterwards, the function and shape of Ruyi-handle fell into two types. For common people, they remained its practical function, so its shape wasn't changed much. While emperors and nobles strengthened its auspicious meaning, so Ruyi became the furnishing and treasure.

In religious activities, Ruyi-handle is used in both Buddhism and Taoism. Monks often expound the texts of Buddhism with a Ruyi in hand. They write the scriptures on it in order not to forget. In Daoism, gods and immortals held the Ruyi and preached the people. Copper Ruyi-handle, unearthed in Shengjin Pagoda's underground palace, embodies the best wishes for Nanchang City. (Written by Huang Li)

清螭龙耳足铭文铜洗

Inscribed Bronze Washer with Ear and Foot of Chi Dragon　Qing Dynasty

口径 21.5 厘米、底径 16.5 厘米、高 10.2 厘米。

1987 年出土于绳金塔地宫长方陶函及青铜如意之上。

Rim diameter: 21.5cm; diameter of foot: 16.5cm; Height: 10.2 cm.

Unearthed in the pottery box from the underground palace of Shengjin Pagoda in 1987.

　　文房用具。黄铜质。圆形，敞口，平沿，沿上置两个对称螭龙为耳，斜直腹，平底，下承三个螭龙为足。螭龙三角形头，细颈，曲身，卷叶状尾，四足，龙身背部有脊。洗内底中心有阳文篆体铭文。模糊难辨。

　　青铜洗最早出现于战国晚期，由商周时期的盘匜演变而成，为洗手之用。具有洗笔功能的洗究竟产生于何时，目前尚无定论，有专家认为可能产生于五代。笔洗，多为瓷作，少见铜制。明清代流行螭龙纹，多围绕"苍龙教子""教子朝天"的典故，寓意"教子励学""科考中的"等。此笔洗应为绳金塔文峰功能的供器，五条造型繁复而灵动的螭龙，具有"金榜题名"的象征意义。

（何　莉 / 文）

It is a piece of stationery made of brass. It is circular with wide opening mouth and flat edge. Two symmetrically Chi dragons set in edge are its ears. It is ram straight belly and flat bottom. The legs are in the shape of three Chi dragons. Chi dragon has triangular head, slender neck, bent body, rolled—leaf tail, four claws. And there is a keel in its back. The center of its bottom craves with inscription in seal script and raised characters.

Bronze washer first appeared in the late Warring States Period, evolving from the Pan Yi in Shang and Zhou Dynasties, and its application was washing hands. And it is unclear when the washer used for washing writing brush emerged. Some experts claimed that it appeared in the Five Dynasties. Writing—brush washer is usually made by pottery, rarely by brass. The patterns of Chi dragon were popular in Ming and Qing Dynasties. It often talked about the allusions of "the dragon teaching its child" or "teaching child for the heaven", implying the meaning of "teaching child to study hard" and "getting to the official rank". This writing—brush washer is used for striving the style of writing in Shengjin Pagoda. Five complicated and vivid dragons boast the symbol of passing examination. (Written by Huang Li)

清青玉碗
Sapphire Bowl Qing Dynasty

高 3.0 厘米、口径 11.4 厘米、底径 5.5 厘米。

1987 年出土于绳金塔地宫螭龙耳足铭文铜洗内。

Rim diameter: 3.0cm; Bottom diameter: 11.4cm; Height: 5.5cm.

Unearthed in the inscribed bronze washer from the underground palace of Shengjin Pagoda in 1987.

　　玉器，青色。敞口，弧壁，平底。这只体薄晶莹的青玉碗不是实用器，是供养佛的珍宝。国人崇玉有七千年的历史，以美石为玉，将玉人格化。玉器成为具有浓郁民族特色的中国艺术品。玉色五彩缤纷，色是分定玉石等级的重要标准，以白为上，以青为雅。青玉意韵含蓄，符合中国传统审美观念。

　　佛经里对玉的阐述很少，玉石也没进入佛家的七宝之列。但玉石对华夏文明的影响是悠久而巨大的，玉石文化贯穿整个中华文明的历史。汉地的信众喜爱玉石，把玉石也当成珍贵的七宝奉献给佛祖，这成为汉地庙宇供佛的一个特色。

（何　莉／文）

It is a piece of cyan jadeware, with wide opening mouth, curved belly and flat bottom. This thin and glittering sapphire bowl is not a practical ware, but a treasure offered to the Buddha. Chinese people adore the jade for 7000 years. We regarded the perfect stones as jade, and personified it. Jadeware is the Chinese art with distinctive national features. The jade is colorful, and its color is a significant hierarchic standard. The white is the top, and cyan is the elegant. Sapphire means connotation, which conforms to the Chinese traditional aesthetics.

There are little explanations of jade in the Buddhist Scriptures. And it does not belong to the seven treasures of Buddhism. Jade has long and huge impacts on Chinese civilization throughout the whole history of Chinese nation. In the regions of Han people, believers of Buddhism were fond of jade and regarded it as the seven treasures to the Buddha, which became a feature in its temples. (Written by He Li)

东汉弦纹铺首鼻钮双系铜壶

Bronze Animal Mask Pot with Bowstring Patterns and Two Ears
The Eastern Han Dynasty

口径 12.7 厘米、足径 11.3 厘米、高 30.0 厘米。

1987 年出土于绳金塔地宫西侧。

Rim diameter: 12.7cm; Bottom diameter: 11.3cm; Height: 30.0cm.

Unearthed in the western part of the underground palace of Shengjin Pagoda in 1987.

　　贮酒器，青铜质。侈口，平沿内折，长颈微束，溜肩，鼓腹下收，高圈足折而外撇，肩上饰对称铺首兽耳系和八道凹弦纹。这种铜壶主要流行于两汉时期。此铜壶应为供器。（何　莉／文）

Wine container. It is made of bronze, with wide flared mouth, inner curved flat edge, slipped shoulder, swelled belly and high outward curved foot. Its shoulder is adorned with symmetrical animal head applique and eight concave bow string patterns. The bronze pot was mainly popular in Han Dynasty. The bronze pot might be used for consecration. (Written by He Li)

宋乳钉雷纹圈足铜簋

Bronze Gui with Nails and Thunder Patterns and Ring Foot Song Dynasty

通高 17.2 厘米、口径 24.1 厘米、足径 17.1 厘米。

1987 年出土于绳金塔地宫东侧。

Height: 17.2cm; Rim diameter: 24.1cm; Bottom diameter: 17.1cm;

Unearthed in the eastern part of the underground palace of Shengjin Pagoda in 1987.

　　供器。铜器。口敞，折沿，深腹，高圈足。腹部主纹为云雷地中饰高尖的乳钉；口沿下方的颈部与圈足上，饰三组浅浮雕夔纹。青铜簋流行于商、周，作为祭祀、宴飨等的礼器，主要用来盛放黍稷。簋数成双，多与鼎组合使用。宋代以后铸造了不少仿商、周铜簋，主要用作供器。其器形似乎与商周者相像，但纹饰却完全不同。

（何　莉 / 文）

It is made of bronze and used for consecration. The bronze ware is designed with opening mouth, deep belly, fold edge and high ring foot. The belly is decorated with thunder patterns and nails. The neck below the mouth and the ring foot are decorated with three groups of Kui pattern basso-relievo. In Shang and Zhou Dynasties, the bronze Kui was a sacrificial vessel, mainly used as a container for millet in sacrifice and banquet. The Kui comes in pairs, and is used in combination with Ding, an ancient cooking vessel. After Song Dynasty, many bronze Kui has been counterfeited, in accordance with the ones in Shang and Zhou Dynasties consecration. Its shape resembled those of Shang and Zhou Dynasties but the ornamentation patterns were totally different. (Written by He Li)

清弧口带钮铁梵钟

Iron Buddhist Bell with a Handle and Arced Opening Qing Dynasty

直径 16.4 厘米、通高 25.6 厘米。

1987 年出土于绳金塔地宫南侧。

Diameter: 16.4cm; Height: 25.6cm

Unearthed in the southern part of the underground palace of Shengjin Pagoda in 1987.

　　佛事乐器。铁质。环状钮，弧肩，直身外撇，钟腔横截面正圆形，四出花瓣形口沿。钟身被中部粗凸条纹分成上下两层，每层又均分为四个大方格。因锈蚀严重，钟体上纹饰模糊难辨。

　　中国先秦时的青铜甬钟和钮钟是用于演奏音乐的"乐钟"，其钟体呈合瓦形，钟腔横截面为椭圆形。当佛教传入后，为了适应弘扬佛法的需要，吸取了印度佛教正圆形金刚铃的特点，并取法于中国古乐钟，最晚在南北朝时期，出现了正圆形的钟，这种中国式佛钟，也称为"梵钟"。寺庙除了悬挂在钟楼里的大型梵钟之外，在佛教法事音乐中也使用这种小梵钟。它悬挂于小木架上，用小槌敲击，声音清越如磬，合奏中偶然击之，以达到特殊的效果和意境。　　　　　　　　（何　莉 / 文）

It is a Buddhist instrument made of iron. With its loop handle and arced outward mouth, the bell is shaped straight but the end of it is towards outside. The intersecting surface of the bell body is a perfect circle. The four mouth edges of the bell are petal-shaped. The bell is divided into an upper part and a lower part by the bold bulged strips, and each part is divided into four identically-sized square sections.

With tile-shaped body and oval intersecting surface, the bronze Yong bells and knob bells in the Pre-Qin Period were used to play music. After the introduction of Buddhism, to meet the need for promoting Buddhist thought, the perfect-circle bells appeared in China by absorbing the characteristics of vajra bell in Indian Buddhism in the Northern and Southern Dynasties (420-589). The Chinese style Buddhist Bell is also called Fan Bell. In addition to the good-sized Buddhist Bells hanging in temples or bell towers, the pint-sized Buddhist Bells are also used in the Buddhist musical and religious activities. It is hung on a small wooden frame, and when you struck it with a small mallet, the sound is as clear as that of the rock. When hit by chance in the instrumental ensemble, it will achieve special effects and artistic conception. (Written by He Li)

清五子登科铭铜镜

Bronze Mirror with the Inscription of "Wu Zi Deng Ke" Five Sons Passed the Imperial Examinations Qing Dynasty

直径 23.4 厘米、缘厚 0.5 厘米、钮高 0.8 厘米。

1987 年出土于绳金塔地宫，置于地宫正中，其上逐层叠置陶函、青铜如意、五龙铜洗、玉碗。

Diameter: 23.4cm; Thickness; 0.5cm; Button height: 0.8cm.

Unearthed in 1987 in the center of the underground palace of Shengjin Pagoda, stacked by pottery box, copper Ruyi-handle, five dragons washer and jade bowl.

照容用具。黄铜质。圆形，圆锥形钮，素凹沿。钮周围有四个凹方框，方框内各有一阳文，直读合为"五子登科"。

五代时期，燕山府窦禹钧的五个儿子品学兼优，先后登科及第，故称"五子登科"。当朝太师冯道赋诗云："燕山窦十郎，教子有义方。灵椿一株老，丹桂五枝芳。"《三字经》里也有："窦燕山，有义方，教五子，名俱扬"的句子。

绳金塔不仅是一座佛塔，也是江西的文峰塔。明清两代，科举制度达到鼎盛，国家以科举取士，激发广大民众子弟刻苦攻读，以期科举及第，入仕为官。清刘坤一《重修绳金塔碑记》记载，城南绳金塔为阖省文峰，修葺一新后，搏命科场的士子金榜题名，捷报频传；仕宦诸公加官晋爵，官场昌盛。"五子登科"铭文镜，寄托了老百姓望子成龙，期盼后代登科及第，成为国之栋梁的美好愿望。有振兴南昌及合省文脉，多出人才寓意。

（何　莉 / 文）

Tools for dressing-up. Yellow metal. It is round with conical knob in the center and concave edge. There are four concave boxes around the button, with a character cut in relief each, which reads as "Wu Zi Deng Ke", which means literally Five Sons Passed the Imperial Examinations.

During the Five Dynasties (907-960), in the Kingdom of Yanshan, Dou Yujin's five sons were excellent in character and learning, and they all received government degrees, thus calling "Wu Zi Deng Ke". Feng Dao, a Tai Shi in that period, wrote a poem that: "In Yan Shan, Dou Shilang is talented in educating his sons. He lived for long years and his five sons all got great grades." The Three-Character Classic also wrote that: "Dou Yanshan was excellent in cultivating. His five sons won the reputation due to his teaching".

Shengjin Pagoda is not only a pagoda, but also the Wenfeng Pagoda in Jiangxi. In Ming and Qing Dynasties, the imperial examination system reached its peak stage. The country chose scholars as officials through this system. It could motivate the students to study hard in order to pass the examination, getting the government degrees. In Qing Dynasty, *Tablet Inscription of Renovating Shengjin Pagoda* by Liu Kunyi recorded, Shengjin Pagoda in the south is the Wenfeng for the whole province. After renovating it, the students studying hard succeeded in the government examination, and the news frequently spread. The officers were promoted in rank, and the officialdom was prosperous. "Wu Zi Deng Ke" expresses the best wish that people hope their offsprings have a bright future and make great contributions to the country. (Written by He Li)

明一品当朝铭铜镜
Bronze Mirror of the First rank Court Official Ming dynasty

直径 12.0 厘米、缘厚 0.6 厘米、钮高 0.5 厘米。

1987 年出土于绳金塔地宫东北角左侧，其上叠置一青花冰梅纹盖罐。

Diameter: 12.0cm; Thickness: 0.6cm; Button height: 0.5cm.

In 1987, it was unearthed on the left side of the northeast corner of the underground palace of Shengjin pagoda, with a blue—and—white ice plum grain jar stacked on it.

　　照容用具。黄铜质。圆形，平顶圆钮，素凹沿。钮周围有四个凸边方框，方框内各有一阳文，直读合为"一品当朝"。　　　　　　　　　　　　（何　莉 / 文）

Made of brass, it was used as a mirror for dressing up. It is with a round knob on the flat top and circular concave edge. Around the button, there are four convex square frames inside which there are respective characters cut in relief which are directly read as "first—rank court official". (Written by He Li)

明喜生贵子铭铜镜

Bronze Mirror of the _Congratulation on Newly Born Son_ Ming dynasty

直径 10.3 厘米、缘厚 0.6 厘米、钮高 0.7 厘米。

1987 年出土于绳金塔地宫东南角，其上叠置一青花冰梅纹盖罐。

Diameter: 10.3cm; Thickness: 0.6cm; Button height: 0.7cm.

In 1987, it was unearthed on the southeast corner of the underground palace of Shengjin pagoda, with a blue-and-white ice plum grain jar stacked on it.

　　照容用具。黄铜质。圆形，平顶圆钮，素凹沿。钮周围有四个凸边方框，方框内各有一阳文，直读合为"喜生贵子"。　　　　　　　　　　　（何　莉 / 文）

Made of brass, it was used as a mirror for dressing up. It is with a round knob on the flat top and circular concave edge. Around the button, there are four convex square frames inside which there are respective characters cut in relief which are directly read as "Congratulation on Newly-Born Son". (Written by He Li)

明喜生贵子铭铜镜

Bronze Mirror of the _Congratulation on Newly Born Son_ Ming dynasty

明喜生贵子铭铜镜

Bronze Mirror of the *Congratulation on Newly Born Son* Ming dynasty

直径 9.8 厘米、缘厚 0.5 厘米、钮高 0.6 厘米。

1987 年出土于绳金塔地宫西南角，其上叠置一青花冰梅纹盖罐。

Diameter: 9.8 cm; Thickness: 0.5 cm; Button height: 0.6 cm.

In 1987, it was unearthed on the southwest corner of the underground palace of Shengjin pagoda, with a blue-and-white ice plum grain jar stacked on it.

照容用具。黄铜质。圆形，平顶圆钮，素凹沿。钮周围有四个凸边方框，方框内各有一阳文，直读合为"喜生贵子"。 （何　莉/文）

Made of brass, it was used as a mirror for dressing up. It is with a round knob on the flat top and circular concave edge. Around the button, there are four convex square frames inside which there are respective characters cut in relief which are directly read as "Congratulation on Newly-Born Son". (Written by He Li)

明喜生贵子铭铜镜

Bronze Mirror of the *Congratulation on Newly Born Son* Ming dynasty

直径 10.2 厘米、缘厚 0.6 厘米、钮高 0.7 厘米。

1987 年出土于绳金塔地宫西北角，唐陶樽右侧，其上叠置一青花冰梅纹盖罐。

Diameter: 10.2 cm; Thickness: 0.6 cm; Button height: 0.7 cm.

In 1987, it was unearthed on the northwest corner of the underground palace of Shengjin pagoda, on the right of Tang Goblet with a blue-and-white ice plum grain jar stacked on it.

　　照容用具。黄铜质。圆形，平顶圆钮，素凹沿。钮周围有四个凸边方框，方框内各有一阳文，直读合为"喜生贵子"。　　　　　　　　　　　　（何　莉 / 文）

Made of brass, it was used as a mirror for dressing up. It is with a round knob on the flat top and circular concave edge. Around the button, there are four convex square frames inside which there are respective characters cut in relief which are directly read as " Congratulation for New Born. (Written by He Li)

1987年出土于绳金塔地宫四角，其中：东南角置一；西南角置一；
西北角置一；东北角置二。

In 1987, they were unearthed in the four corners of the underground palace of Shengjin Pagoda. Among them, one was found on the southeast corner, one on the southwest corner, one on the northwest corner and two on the northeast corner.

清康熙景德镇窑青花冰梅纹盖罐

Blue and White Ice Plum Grain Jars of Jingdezhen in the period of Emperor Kangxi Qing Dynasty

五件青花盖罐内装有五谷及佛家七宝等。五谷应是用于佛事活动中祈求五谷丰登、人民富裕。佛家把金、银、琉璃、水晶、玛瑙、砗磲、珊瑚等供养佛的珍宝称为七宝。不同的经书所译的七宝不尽相同，所指并不确定，也不限于七种，泛指世间一切珍稀之物。

青花罐，容器。直口，丰肩，圆腹，假圈足。配有天罩地式的平盖。通体青花蓝彩作底，以浓厚青花描绘冰裂纹，在留白处以淡料略加晕染勾画梅花。这种蓝地白花的冰梅纹，突显了寒梅吐艳尤显芬芳的品性，颇具文人画的风韵。冰梅纹又称冰裂梅纹，是清康熙朝创制的瓷器纹饰，以仿宋官窑冰裂纹作地纹，再在其上画朵梅或枝梅。这一组青花冰梅纹盖罐是康熙时期的典型作品。

（何　莉／文）

Five pieces of blue-and-white ice plum grain jars contain the five cereals, Shippo of Buddhism, etc. The five cereals should be used in Buddhist activities for praying for good harvest and happiness of people.

Buddhism considers gold, silver, colored glaze, crystal, agate, tridacna, coral and other treasures offered to the Buddha as Shippo. The Shippo translated by different scriptures is not the same. They are not definite and not limited to seven kinds, referring to all rare things in the world.

Blue-and-white jar is a container. It has straight mouth, wide shoulder, round belly, fake ring foot. It is equipped with sky-shaped flat lid. Its body is covered with blue flower and color all over, with ice cracks on it and plum blossoms sketched with light color in white place. This blue-and-white iced plum blossom veins highlight the mellow, plump character of the plum blossoms, which are quite literary. The blue-and-white iced plum blossom vein is also called ice plum blossom crack, the porcelain ornament created in the period of Emperor Kangxi of Qing Dynasty, which imitates Song Dynasty Kiln ice cracks for the ground pattern with plum flowers on it. This set of blue-and-white ice plum grain jars are typical works of the period of Emperor Kangxi of Qing Dynasty. (Written by He Li)

清康熙景德镇窑青花冰梅纹盖罐

Blue and White Ice Plum Grain Jars of Jingdezhen in the period of Emperor Kangxi Qing Dynasty

五件（套）。

通高 13.5~13.9 厘米、罐高 12.2~12.8 厘米、口径 4.1~4.2 厘米、足径 6.2~6.4 厘米；盖高 2.2~2.3 厘米、盖径 5.2~5.4 厘米。

Five Pieces (Sets).

Total height: 13.5−13.9cm; Tank height: 12.2−12.9cm; Rim diameter: 4.1−4.2cm; Foot diameter: 6.2−6.4 cm; Lid height: 2.2−2.3 cm; Lid diameter: 5.2−5.4 cm.

1987年出土于绳金塔地宫。东南角一只，盛酱、同治铜钱；西南角一只，盛茶、康熙铜钱；西北角一只，盛麦、同治铜钱，其左侧为唐灰陶樽；东北角左侧一只，盛稻、同治铜钱；东北角右侧一只，盛金粒、银饼、锡饼、腰形铁片、玉片、水晶球、珊瑚珠、珍珠、玛瑙粒、琉璃粒、铜钱。

（赵德林／文）

They were unearthed in the underground palace of Shengjin Pagoda in 1987. The one on the southeast corner served for keeping sauce and copper coins of the period of Emperor Tongzhi, Qing Dynasty; the one on the southwest corner served for keeping tea and copper coins of Emperor Kangxi; the one on the northwest corner served for keeping wheat and copper coins of Emperor Tongzhi, with a grey pottery Zun on its left side; the one on the left side of northeast corner was used for keeping rice and copper coins of Emperor Tongzhi; and the one on the right side of northeast corner was used for keeping gold tablets, silver and tin cakes, iron pieces, jade pieces, crystal balls, coral beads, pearls, agate grains, colored glaze grains and copper coins. (Written by Zhao Delin)

稻

Rice

重 49.0 克。

1987 年出土于绳金塔地宫东北角左侧青花盖罐内。

（赵德林 / 文）

Weight: 49.0grams.

In 1987, they were unearthed in the blue—and—white ice plum grain jar on the left side of the northeast corner of the underground palace of Shengjin Pagoda.

(Written by Zhao Delin)

稻

Rice

清金粒
Gold tablet of Qing Dynasty

高 0.7 厘米、底长 1.0 厘米、厚 0.4 厘米；重 4.0 克。

1987 年出土于绳金塔地宫东北角右侧青花盖罐内。

Height: 0.7 cm; Bottom length: 1.0 cm; Thickness: 0.4 cm; Weight: 4.0 grams.

In 1987, it was unearthed in the blue–and–white ice plum grain jar on the right side of the northeast corner of the underground palace of Shengjin Pagoda.

　　金是人类社会自有文明史以来最为看重的贵金属。它的发现和使用历史悠久，或为装饰，或为货币，或为重要的原材料，是财富地位的象征。金为佛家七宝之首，佛塔中常瘗藏有金棺、金涂塔、金瓶等金器，以示对佛的尊崇和虔诚。

（赵德林 / 文）

Gold is the most valued metal in the history of human civilization. Its discovery and use have a long history for decoration, or as a currency and a kind of important raw material. It is a symbol of the status of wealth. Gold ranks first among the seven treasures of Buddhism. Gold coffin, golden pagoda, gold bottle and other gold implements were always contained in the pagoda, showing the worship and respect for the Buddha.

(Written by Zhao Delin)

清金粒

清银饼
Silver cake of Qing Dynasty

圆面直径 2.1 厘米、厚 0.5 厘米。重 10.0 克。

1987 年出土于绳金塔地宫东北角右侧青花盖罐内。

Diameter: 2.1 cm; Thickness: 0.5 cm; Weight: 10.0 grams.

In 1987, it was unearthed in the blue—and—white ice plum grain jar on the right side of northeast corner of the underground palace of Shengjin Pagoda.

　　圆饼形，上部圆形表面为螺旋状圆圈纹，下部圈底，密布大小不一的圆孔。银为佛家七宝之一。　　　　　　　　　　　　　　　　　　　　（赵德林 / 文）

It is a round pie—shaped one/pattern and its upper circle surface is a spiral circle pattern with lower bottom densely covered with round holes. Silver is one of the seven treasures of Buddhism. (Written by Zhao Delin)

清银饼
Silver cake of Qing Dynasty

清锡饼

Tin cake of Qing Dynasty

高 0.9 厘米、长 4.5 厘米、宽 3.0 厘米，重 40.0 克。

1987 年出土于绳金塔地宫东北角右侧青花盖罐内。

Height: 0.9 cm; Length: 4.5 cm; Width: 3.0 cm; Weight: 40.0 grams.

In 1987, it was unearthed in the blue-and-white ice plum grain jar on the right side of northeast corner of the underground palace of Shengjin Pagoda.

清锡饼

Tin cake of Qing Dynasty

锡本为银白色金属，其硬度较低，熔点也低，且历久常新，富于光泽，因此特性，锡金属在中国古代很早就被发现并加以运用。古人常将锡与铜、铅等其他金属相配制作各种青铜器，如商周以来青铜礼器、兵器、生产生活实用器等等。古代铜镜中含有锡金属因而银白莹亮，光可鉴人。　　　　　　　　　　　　　　（赵德林／文）

Tin is a silvery white metal with low hardness, and low melting point, and it is always new and shiny even after a long time. Therefore, tin was discovered and used in ancient China. The ancient people used it to fabricate a variety of bronzes with other metals like copper and lead, such as bronze sacrificial ware, weapons, production and life utility, etc in the Shang and Zhou Dynasties. The ancient bronze mirrors contained tin so that they were white and shiny. (Written by Zhao Delin)

清白玉片

White jade tablets of Qing Dynasty

长方形、正方形各一片。

长方玉片：长 6.3 厘米、宽 2.7 厘米、厚 0.5 厘米；正方玉片：长 3.2 厘米、宽 3.1 厘米、厚 0.5 厘米。

1987 年出土于绳金塔地宫东北角右侧青花盖罐内。 　　　　　　（赵德林 / 文）

2 jade tablets of rectangular and square shapes.

Rectangular jade tablet: 6.3 cm in length, 2.7 cm in width and 0.5 cm in thickness; square jade tablet: 3.2 cm in length, 3.1 cm in width and 0.5 cm in thickness.

In 1987, it was unearthed in the blue−and−white ice plum grain jar on the right side of northeast corner of the underground palace of Shengjin Pagoda. (Written by Zhao Delin)

清白玉片
White jade tablets of Qing Dynasty

清水晶球

Crystal balls of Qing Dynasty

分大、中、小三种，合计6粒。

大：1粒，直径3.0厘米，重37.0克；中：1粒，直径2.0厘米，重10.0克；小：4粒，直径1.0厘米，合计重4.5克。

1987年出土于绳金塔地宫东北角右侧青花盖罐内。

A total of 6, including big, medium-sized and small balls.
Big ball: 1 grain, 3.0 cm in diameter, 37.0 grams in weight;
Medium-sized ball: 1 grain, 2.0 cm in diameter, 10.0 grams in weight;
Small balls: 4 grains, 1.0 cm in diameter, 4.5grams in weight.
In 1987, it was unearthed in the blue-and-white ice plum grain jar on the right side of northeast corner of the underground palace of Shengjin Pagoda.

水晶是无色透明的结晶石英，属贵重矿石，其"莹沏晶光，如水之精英"因之古称"水玉""水精"等。水晶很早就被佛家所看重，为佛家七宝之一，有的也直接作为舍利子。水晶器物埋藏在佛塔地宫中多有发现，如南京长干寺遗址地宫即出土了北宋时期的水晶球，又称"摩尼珠"。绳金塔地宫中出土的水晶球共有大小6粒，晶光透亮，作为佛家七宝之一具有重要的研究价值和意义。

（赵德林/文）

Crystal is a colorless and transparent crystalline quartz. It is one of the valuable minerals. Because of its "crystal light like the elite of the water", it is known as "Shui Yu" and "Shui Jing" in ancient times. Crystal has been valued by Buddha for a long time. It is one of the seven treasures of Buddhism, and some of them are directly used as sari. Crystal artifacts buried in the Pagoda and underground palace have been unearthed for many times. For instance, in the site of Changgan Temple in Nanjing, the crystal ball of the Northern Song Dynasty was unearthed, also known as the "Mani Pearl". The 6 transparent and shiny crystal balls unearthed in the underground palace of Shengjin Pagoda carry great importance and significance. (Written by Zhao Delin)

清珊瑚串珠

Coral beads of Qing Dynasty

59 粒。不规则圆形，色红，有穿孔。
直径 0.12 厘米 / 粒。合计重 2.0 克。
1987 年出土于绳金塔地宫东北角右侧青花
盖罐内。

59 grains of coral beads are irregularly round, in red and
perforated.
The diameter is 0.12 cm each, with a total weight of 2.0 grams.
In 1987, it was unearthed in the blue-and-white ice
plum grain jar on the right side of northeast corner of the
underground palace of Shengjin Pagoda.

珊瑚产自热带、亚热带的海中，是由珊瑚虫
分泌的石灰质骨骼聚结而成的物质，多为树枝状，
有红色、白色、蓝色或黑色多种颜色。珊瑚鲜艳
美观，自古以来官府民间视为珍宝，是财富和地
位的象征。佛教亦视珊瑚为宝物，或装饰佛像，
或做成佛珠。珊瑚为佛家七宝之一，或名"珊瑚"，
或名"赤珠"。 　　　　　　　　　　（赵德林 / 文）

Corals are produced in tropical, subtropical seas and are made of
coalesced calcareous bones secreted by corals. They are mostly
dendritic and are in many colors such as red, white, blue or black.
Coral is bright and beautiful. It has been regarded as a treasure by
officials and folk since ancient times. It is a symbol of wealth and
status.
Buddhists also considered it as a treasure or used it for decorating
Buddha statues, or processed it into Buddha beads. Coral is one of
the seven treasures of Buddhism, with the name of "Coral" or "Red
Pearl". (Written by Zhao Delin)

清穿孔珍珠
Perforated pearls of Qing Dynasty

5 粒。不规则圆形，有穿孔。

直径 0.3 厘米左右。

1987 年出土于绳金塔地宫东北角右侧青花盖罐内。

5 grains of pearls are irregularly round and perforated.

The diameter is about 0.3 cm.

In 1987, it was unearthed in the blue-and-white ice plum grain jar on the right side of northeast corner of the underground palace of Shengjin Pagoda.

　　珍珠是蚌类所生的真珠，形状各异，色彩斑斓，为有机宝石。因其珍奇瑰丽，自古以来皆为人们喜爱，佛家视为七宝之一。　　　　　　　　　　（赵德林／文）

Pearl is a kind of real ball born from apes. It has a variety of shapes and colors. It is an organic gemstone. Because of its rare and magnificent beauty, it has been loved by people since ancient times, and has been considered as one of the seven treasures of Buddhism. (Written by Zhao Delin)

清穿孔珍珠
Perforated pearls of Qing Dynasty

清玛瑙粒
Agate grain of Qing Dynasty

1 粒，似米粒大小，椭圆形。

长 0.3 厘米、宽 0.2 厘米、高 0.2 厘米。

1987 年出土于绳金塔地宫东北角右侧青花盖罐内。

1 grain is oval with similar size of rice grain.

Length is 0.3 cm, the width is 0.2 cm, the height is 0.2 cm.

In 1987, it was unearthed in the blue−and−white ice plum grain jar on the right side of northeast corner of the underground palace of Shengjin Pagoda.

　　玛瑙属于地质矿物中玉髓一类，半透明或不透明，有不同的颜色。玛瑙为佛家七宝之一，在佛塔地宫中常有埋藏。　　　　　　　　　　　　（赵德林／文）

Agate is a type of chalcedony in geological minerals, translucent or opaque, with different colors. Agate is one of the seven treasures of the Buddha and is often buried in the underground palace of the pagoda. (Written by Zhao Delin)

清柱形琉璃粒
Columnar colored glaze grain of Qing Dynasty

1粒，整器似米粒大小，圆柱形，一端中心部位有圆形孔，未穿透。琉璃质。外径 0.3 厘米、长 0.3 厘米。1987 年出土于绳金塔地宫东北角右侧青花盖罐内。

It has the similar size of rice grain, cylindrical, with a circular hole at the center of one end, not penetrated, glazed.
Diameter: 0.3 cm; Length: 0.3 cm.
In 1987, it was unearthed in the blue−and−white ice plum grain jar on the right side of northeast corner of the underground palace of Shengjin Pagoda.

琉璃又称"料器"，是一种人工冶炼而成的类似玻璃质的物质，有多种色彩。古代因其难得而甚为珍贵，佛家亦视为七宝之一。

（赵德林／文）

Colored glaze, also known as "material implement", is a kind of substance like glass, made through artificial smelting, and has many colors. In ancient times, it was precious because it was rare. Buddhists also considered it as one of the seven treasures.
(Written by Zhao Delin)

清腰形铁片
Lumbar iron piece of Qing Dynasty

长 4.8 厘米、宽 2.0 厘米、厚 0.2 厘米。

1987 年出土于绳金塔地宫东北角右侧青花盖罐内。　　（赵德林／文）

Length: 4.8 cm; Width: 2.0 cm; Thickness: 0.2 cm.

In 1987, it was unearthed in the blue-and-white ice plum grain jar on the right side of northeast corner of the underground palace of Shengjin Pagoda.　　　　　　　　(Written by Zhao Delin)

二、塔刹文物 /Cultural Relics of the Pagoda

　　1988 年 9 月，绳金塔维修过程中在塔刹葫芦顶内发现了一批文物计 12 件（套），其中铜印、铜斗柄、袈裟、佛经、佛像、木念珠、玉如意、金元宝、银元宝、磁石等为佛教文物。另外还有一件"清旷园记事"纸本轴，记述了清道光二年（1822 年）重修绳金塔寺时发现的宝物，依据该记事所记，塔刹文物应为清代前后两次分别放入。

　　塔刹文物的发现对研究绳金塔、绳金塔寺，以及佛教等相关问题提供了重要的实物资料。

（赵德林 / 文）

In September, 1988, 12 pieces (sets) of cultural relics were discovered in the spire of Shengjin Pagoda in its maintenance procedure. The relics include bronze seal, bronze bucket arm, Kasaya, Buddhist scripture, Buddhist statue, wooden beads, jade Ruyi, gold ingots, silver ingots and magnet stones. Besides, the paper Scroll of Discovery Records of Kuangyuan Garden also gives an account of the relics in the period of Emperor Daoguang in the Qing Dynasty when the Pagoda was rebuilt, which provides evidence that the relics of the Pagoda were put into it twice. The discovery of the relics of Shengjin Pagoda offers important material data for the research of the pagoda and the temple.

(Written by Zhao Delin)

清鎏金梵文"西藏化身佛之印"象钮铜印
Elephant shaped copper seal with gilded Sanskrit inscription of Seal of Tibetan Incarnation Buddha in the Qing Dynasty

通高 5.5 厘米、象钮高 3.3 厘米、印座高 2.0 厘米、印面边长 5.5 厘米。
1988 年出于绳金塔塔刹葫芦顶内。

Height: 5.5cm, including the elephant shape image of 3.3cm and the base of 2.0cm. And the side length of the seal is 5.5cm.
In 1988, it was unearthed in the spire of Shengjin Pagoda.

佛家文房用具，青铜质。整器由印座印钮组成，印钮为站立状大象；印座为方形，正对象首一侧面錾刻一"上"字，其他三面均为素面。印面阴刻梵文，据同出于塔刹"清旷园记事"纸本立轴所记，译为："西藏化身佛之印"，并钤盖有该印文。佛教起源于印度，西藏是藏传佛教的流传地。梵语佛陀，是对佛教创始人释迦牟尼的简称，就是佛教徒对修行圆满的人的称呼。佛教认为一佛具三身之功德性能，所以三身即一佛。法身是体，化身是相，报身是用。化身就是变幻万千之身，是佛陀为了度脱世间众生，随缘教化、随应三界六道等情况显现的变化之身。

（黄　丽／文）

The Buddhist stationery made of bronze is composed of a handle and a base. The seal handle is shaped into an elephant standing on its feet. One side of the square base is engraved with a Chinese character "上" (up) while nothing is left on the other three sides. At the seal bottom is the Sanskrit inscription which can be translated into "Seal of Tibetan Incarnation Buddha" according to the paper scroll of Discovery Records of Kuangyuan Garden in the Qing Dynasty which is also discovered in the pagoda. Buddhism originates from India and Tibet is home to Tibetan Buddhism. The Sanskrit "Buddha", short for Buddha Sakyamuni, the founder of Buddhism, refers to Buddhists who have fully completed the practices. Buddhism believes that a Buddha possesses three kayas of virtue. Dharmakaya is the body, while nirmanakaya is the image and sambhogakaya is the application. Nirmanakaya, meaning incarnation, refers to the fact that a Buddha may change his body from time to time as he offers to save the populace from sufferings, follow the karma to provide enlightenment or adapt to the circumstances of the three realms and six paths. (Written by Huang Li)

清南北斗十五星纹铜斗柄

Copper handle of the Dippers dotted with fifteen stars in the Qing Dynasty

长 12.3 厘米、宽 9.1 厘米、厚 1.2 厘米。

1988 年出于绳金塔塔刹葫芦顶内。

Length: 12.3cm; Width: 9.1cm; Thickness: 1.2 cm.

In 1988, it was discovered in the spire of Shengjin Pagoda.

　　法器，铜质。器物的名称源于塔刹内瘗藏文物《清旷园记事》记载。直角曲尺形，折角处有一穿孔，边缘卷凸。两面分别以凸起圆点及曲线相连纹，饰南、北斗星座图，一面为北斗七星，另一面为南斗八星。

　　我国古代的天文观测很早，成就斐然。战国时魏国的石申著《石氏星表》，测定了 120 多颗恒星的位置，是世界上最早的星表。北斗七星是大熊星座的一部分，又称小熊星座，是北方天空中的七颗明星，季节不同，北斗七星在天空中的位置也不尽相同。因此，我国古代人民就根据它的位置变化来确定季节："斗柄东指，天下皆春；斗柄南指，天下皆夏；斗柄西指，天下皆秋；斗柄北指，天下皆冬。"佛教密宗的经典里也有深厚的北斗信仰，这些密教系的北辰北斗信仰，原本是结合了道教的有关内容而形成的，在后来的发展中，佛教的东方药师七佛也与星象联系上了，成了护法星君。

（黄　丽/文）

It's a copper instrument used in a Buddhist mass. The name of the instrument can be found in the pages of *Discovery Records of Kuangyuan Garden in the Qing Dynasty* collected in the pagoda. The instrument shaped in right−angle has a hole at the turning point as well as winding and protruding edges. One side of the instrument is decorated with the image of Big Dipper made of seven stars and the other, the image of Southern Dipper made of eight stars. Both images are connected by protruding dots and curves.

Great achievements were made in astronomical observation in ancient China. Shi Shen, a scholar of Wei state in the Warring States period, wrote a book *Star Catalogue by Shi Shen*, the earliest star catalogue in the world. It covers the positions of more than 120 stars. The Big Dipper also called Ursa Minor is a part of Ursa Major. It consists of seven bright stars in the northern sky and its position varies with the change of seasons. Therefore, our ancestors identified the season according to its changing position. "As the handle of the Big Dipper points to east, south, west and north, the world is respectively engulfed in spring, summer, autumn and winter." The deep belief in the Big Dipper can also be found in the classic Buddhism tantra. The belief initially emerging from something related to Taoism gradually evolves into the one that Qi Fo, an oriental pharmacist believing in Buddhism, is associated with astrological aspect and becomes the Star Guardian. (Written by Huang Li)

清金线饰绸袈裟

Silk cassock with golden threads in the Qing dynasty

长 260.0 厘米、宽 114.6 厘米。

1988 年出于绳金塔塔刹葫芦顶内。

Length: 260.0 cm; Width: 114.6 cm.

In 1988, it was discovered in the spire of Shengjin Pagoda.

　　平铺为长方形。夹里，面料为红色的碧绉，里料为黄色的纺绸。袈裟由 55 片面料叠压缝合而成。每片用黄色纺绸衬里、绳边，绣上双股金线作边饰，形成金色长方格。袈裟配有一对钩环，钩为镀金龙首铜带钩，环为和田白玉环。袈裟上还垂挂装饰一条黄色团寿扣丝绦。

　　"袈裟"（梵语 Kasaka）是梵文的音译，最初的含义为一种可取汁染色的草。后引申为"不正色"（杂色），根据佛门规矩，剃发、染衣、受戒是取得僧人资格的必要条件。染衣、剃发，是表示从此舍弃美好装饰，过简朴的生活。所以，僧服摒弃青、黄、蓝、赤、白"五正色"，而染成"袈裟"色，即铜青、泥褐、木蓝色，才算"三如法色"。最早的佛教典籍将"Kasaka"译为"加沙"，东晋葛洪在撰写《字苑》时，将"加沙"两字下方分别添"衣"，改作"袈裟"，从而成为僧服的代名词。

（何　莉/文）

It's in the shape of rectangle as it stretches flat. Its fabric is red kabe crepe and its lining is yellow silk. The cassock is stitched together with 55 pieces of fabric. Each piece is made of yellow silk lining, rolled edge and double golden threads embroidered along the side, forming a golden rectangle. The cassock is equipped with a pair of a hook made of gilded dragon head and a ring made of white jade. The cassock is decorated with a yellow silk ribbon.

Kasaka in Sanskrit is transliterated as Kasaya. It originally refers to a kind of grass whose juice can be used for dyeing. Later on, it refers to "motley color". According to Buddhism rules, it's a requisite for a qualified monk to cut hair, dye clothes and accept baptism. Dyeing clothes and cutting hair represent that the monk starts to discard brilliant dressing and lead a plain life. Therefore, the monk's Kasaya is often dyed into the three colors namely copper-green, mud-brown and wood-blue instead of the five pure colors namely green, yellow, blue, red and white. In accordance with the earliest Buddhism classics, Kasaka was initially translated into "加沙" in Chinese. When Ge Hong in Dongjin dynasty wrote Ziyuan (A Collection of Chinese Characters), he translated Kasaka into "袈裟", making it a code word for monk's robe. (Written by He Li)

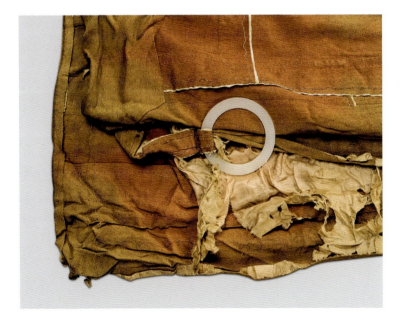

清董其昌行书《金刚般若波罗蜜经》拓本

Rubbing of semi cursive script Prajnaparamita Diamond Sutra by Dong Qichang in the Qing Dynasty

纵 27.8 厘米、横 13.8 厘米、厚 4.3 厘米。

1988 年出于绳金塔塔刹葫芦顶内。

Vertical size: 27.8 cm; Horizontal size: 13.8 cm; Thickness: 4.3 cm.

In 1988, it was discovered in the spire of Shengjin Pagoda.

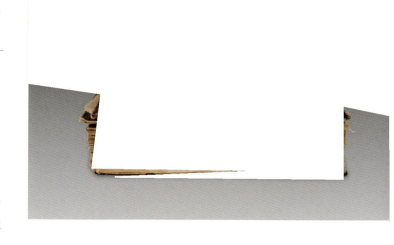

　　佛教经典。明代书画家董其昌书丹，字体为行书。册页装，以裱装樟木板面作封面和封底。落款为"史官华亭董其昌沐手书"，封底为"大沩山人摹勒"款。

　　董其昌（1555—1636 年），字玄宰，号思白、香光居士，松江华亭（今上海闵行区马桥）人，明代书画家，万历十七年进士。授翰林院编修，官至南京礼部尚书，卒后谥"文敏"。董其昌的书法成就很高，以行、草书造诣最高，他的书法综合了晋、唐、宋、元各家的书风，自成一体，飘逸空灵，风华自足。《明史》董其昌传记载："四方金石之刻，得其制作手书，以为二绝。"一直到清代中期，康熙、乾隆都以董书为宗法，倍加推崇、偏爱，甚而亲手临摹。"大沩山人"为湖南篆刻名家胡万年。胡万年，字湘林，湖南宁乡人，为道光、咸丰年间人，擅书法篆刻，尝为陶澍刻御书"印心石屋"四字，又为万贡珍镌《陈维崧填词图》，由是声名大振，咸丰十年（1860）被曾国藩招入幕府。

　　《金刚经》全称《能断金刚般若波罗蜜多经》，是大乘佛教的重要经典，为出家、在家佛教徒常所颂持。《金刚经》传入中国后，自东晋到唐朝共有六个译本，以鸠摩罗什所译《金刚般若波罗蜜经》最为流行。《金刚经》

通篇讨论的是空的智慧。一般认为前半部说众生空，后半部说法空。《金刚经》版本繁多，董其昌行书《金刚般若波罗蜜经》拓本为经文校勘提供了极高的参考价值。

（黄　丽／文）

It's a Buddhist classic written in semi-cursive script by Dong Qichang, a famous calligrapher and painter in the Ming Dynasty. It is decorated with cassia lignea as the front cover and back cover, with the inscriptions of "Shi Guan Hua Ting Dong Qi Chang Shou Shu" (Written by Dong Qichang the historical officer of Huating) and "Da Wei Shan Ren Mu Le" (Mu Le the native of Dawei Mountain) on the front and back covers respectively.

Dong Qichang (1555–1636), also styled as "Xuanzi" and "Hermit Xiangguang", was born in Huating, Songjiang (present Maqiao, Minhang District, Shanghai). He was a famous calligrapher and painter, a compiler of National Academy, as well as the Director of the Board of Rites in the Ming Dynasty. After his death, he was styled as "Wenmin". Dong Qichang made great achievement in calligraphy, especially in cursive and semi-cursive scripts. He had a calligraphic style of his own by means of combining the different styles of Jin, Tang, Song and Yuan dynasties, which was elegant and graceful and was praised highly and even imitated by the emperors of Kangxi and Qianlong of Qing Dynasty.

"Dawei Shanren" was the nickname of Hu Wannian, a famous painter and seal cutting maker in Hunan province. He once cut the imperial inscription of "Yin Xin Shi Wu" for Tao Shu and *The Painting by Chen Weisong* for Wan Gongzhen, which brought him great fame. In 1860, he was enlisted as an officer in the Commanding Office by Zeng Guofan.

Diamond Sutra is an important classic of Mahayana Buddhism, which is popular among the monks and nuns as well as those believers at home. There are six versions of Diamond Sutra since it was introduced into China in the East Jin Dynasty, with the translated version by Kumarajiva the most popular. Diamond Sutra is about the wisdom of emptiness. Generally speaking, the first part is about the emptiness of the general public and the second part the emptiness of Buddhist doctrines. Though there are different versions of Diamond Sutra, the book of rubbings written in semi-cursive by Dong Qichang is of significant value for the emendation of the scripture. (Written by Huang Li)

清木刻版纸本《金刚般若波罗蜜经》

Woodcut paper version of Prajnaparamita Diamond Sutra in the Qing dynasty

纵 26.0 厘米、横 12.5 厘米、厚 5.0 厘米。

1988 年出于绳金塔塔刹葫芦顶内。

Length: 26.0cm; Width: 12.5 cm; Thickness: 5.0cm.

In 1988, it was discovered in the spire of Shengjin Pagoda.

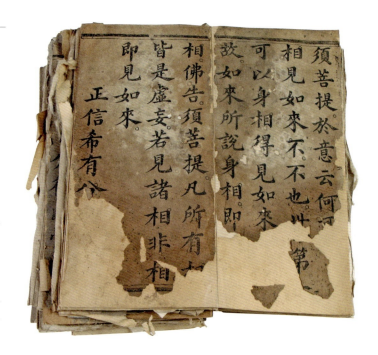

　　佛教经典。册页装。全称《金刚般若波罗蜜经》，是大乘佛教的重要经典，为出家、在家佛教徒常所颂持。

（黄　丽／文）

Prajnaparamita Diamond Sutra is a bound classics of Mahayana Buddhism. It is frequently read by those who are going to be or have been Buddhists. (Written by Huang Li)

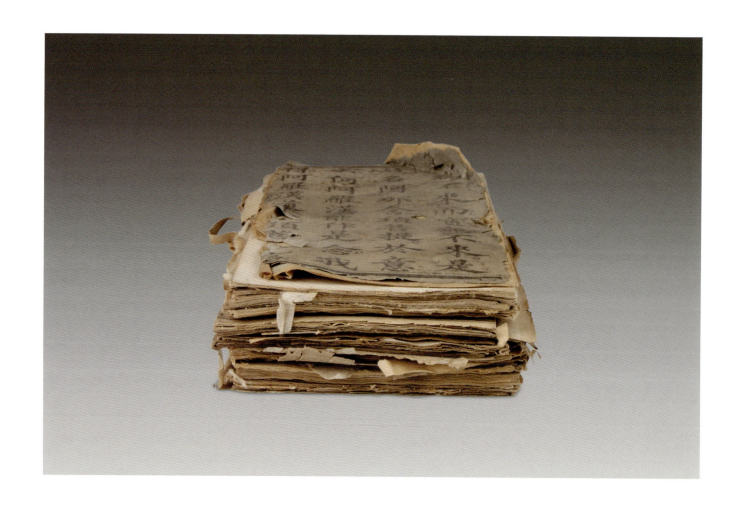

清木刻版纸本《金刚般若波罗蜜经》

沙等世界七寶持用布施

若復有人知一切法無我。

得成於忍此菩薩勝前菩

薩所得功德何以故須菩

薩所作福德不應貪著是

菩薩不受福德須菩提菩

須菩提白佛言世尊云何

提以諸菩薩不受福德故

故說不受福德。

威儀寂靜分第二十九

須菩提若有人言。如來若

來若去若坐若臥是人不

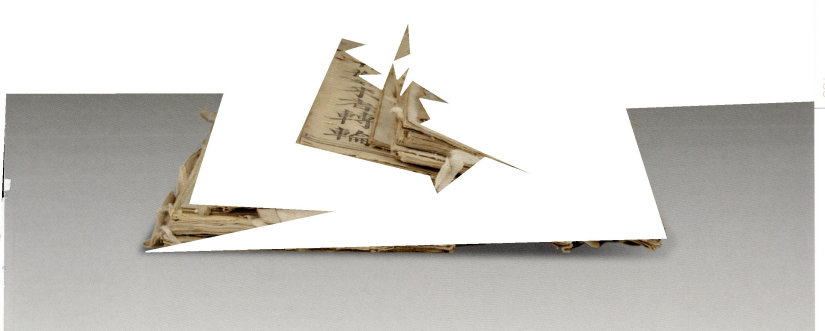

清浮雕滇玉九芝如意

Ruyi a kind of jade embossed with nine ganodermas in the Qing dynasty

通长 36.0 厘米。

1988 年出于绳金塔塔刹葫芦顶内。

Length: 36.0 cm.

In 1988, it was discovered in the spire of Shengjin Pagoda.

　　玉器，白色。器作如意造型：柄首作灵芝形；柄身微曲，浮雕连枝花草纹。这柄玉如意是供养佛的珍宝。

　　如意起源于日常生活的搔背工具，前端作手指形，搔挠手不能及处之痒，能够如人心意，故称如意。以后如意功能与形态发生分化，民间保留实用功能，形态无大改变；帝王及达官贵人强调吉祥含义，因而演化为陈设珍玩。古人有"君子比德如玉"之说，玉如意结合了玉的坚润美德与如意的吉祥寓意，成了最具有中国特色的吉祥文化器物。

（何　莉 / 文）

It's a kind of white jade. Its upper end is enlarged to the shape of ganoderma and its handle slightly curved is embossed with flowers and grasses. This jade Ruyi is a treasure to enshrine and worship Buddha. Ruyi used to be a tool for scratching back in the daily life. The front part shaped in a palm was used to scratch the itchy skin beyond the reach of one's hand. It worked so well to one's heart's content that it was called Ruyi. Later on, its function and shape were differentiated by the fact that the folk preserved its practical function without significantly changing its shape while the emperor and the dignitaries emphasized its auspicious meaning, thus making it a curio. As the ancient saying goes "A man of integrity is as virtuous as jade", Ruyi becomes auspicious cultural artifact with Chinese characteristics as it combines jade-alike virtue and auspicious meaning. (Written by He Li)

清鎏金坐莲护身藏铜佛
Gilded Tibetan copper Buddha sitting on a lotus base in the Qing dynasty

佛像通高 4.9 厘米 、佛像高 3.2 厘米、 座高 1.7 厘米、 底长 2.7 厘米、 宽 1.7 厘米；

盒高 6.1 厘米、宽 3.3 厘米 、厚 3.1 厘米；盒盖高 5.6 厘米、宽 2.8 厘米、厚 0.3 厘米。

1988 年发现于绳金塔塔刹葫芦顶内。

The height of the stature is 4.9 cm, including the Buddha of 3.2 cm and the base of 1.7cm with 2.7 cm in length

and 1.7cm in width. The height, width and thickness of the box are respectively 6.1 cm, 3.3 cm and 3.1 cm and

those of the box cover are respectively 5.6 cm, 2.8 cm and 0.3 cm.

In 1988, it was discovered in the spire of Shengjin Pagoda.

　　佛像为椭圆形檀木质地莲花座,莲花座为仰覆莲,上下对称刻出莲瓣图案,佛像为铜胎, 通体鎏金, 双腿盘坐于莲花座上, 左手持净瓶于胸前, 右手置于右膝盖上。

　　铜佛与西藏化身佛之印同出于绳金塔塔刹, 但实际上, 藏传佛教在江西, 在南昌的传播都是非常有限的。

（王　静/文）

The elliptic sandalwood base is engraved into two vertically symmetrical lotuses. The gilded copper Buddha sits on the lotus, his legs crossed, his left hand holding a kalasa in front of the chest and his right hand resting upon the knee.

Both the copper Buddha and seal of Tibetan incarnation Buddha were discovered in the Shengjin Pagoda. In fact, however, few efforts are made in spreading Tibetan Buddhism in Nanchang city even in Jiangxi province. (Written by Wang Jing)

清 "蔡长发赤金" 铭元宝形金锭

Gold ingot shaped in yuanbao and engraved with Chinese characters "蔡长发赤金" in the Qing dynasty

高 3.4 厘米、长 4.6 厘米、宽 2.4 厘米，重 14.0 克。

1988 年发现于绳金塔塔刹葫芦顶内。

Height: 3.4cm; Length: 4.6cm; Width: 2.4cm; Weight: 14.0 grams.

In 1988, it was discovered in the spire of Shengjin Pagoda.

金锭为元宝形，两翅高高耸起，仰面为平，刻有螺旋状纹饰，中间为 "平" 字，左边名为 "赤金"，右边为 "蔡长发"，均为阳文。元宝束腰，平底，底小。空心，仰面的金片为单独做成再焊接到元宝上，金片周围可见一周焊接痕迹。

金锭形制多样，有马蹄形、元宝形、长方体形、正方体形等。唐代已有船形 "银锭"，"元宝" 一词最早是唐肃宗时史思明在洛阳铸的 "得壹元宝" 和 "顺天元宝"。但正式把金银称为 "元宝" 则始于元朝，《元史·杨湜传》载有："上钞法便宜事，谓平准行用库白金出入，有偷滥之弊；请以五十两铸为锭，文以'元宝'，用之便。"

（王　静 / 文）

The gold ingot is in the shape of yuanbao with two wings high up into the air. Its flat surface is engraved with spiral patterns. On both sides of the Chinese character " 平 "(safety) in the middle are characters cut in relief －－ "赤金" (gold) on the left and "蔡长发" (Cai Changfa) on the right. Yuanbao is slim among the waist part and has flat and small bottom. The gold sheet on the surface is made separately and then welded to the hollow yuanbao, leaving welding marks around the gold sheet.

Gold ingots have various shapes such as horseshoe, yuanbao, cuboid and cube.In the Tang dynasty, there were already boat－shaped silver ingots. and the word "yuanbao" can date back to "Deyi Yuanbao" and "Shuntian Yuanbao" coined by Shi Siming in Luoyang during the reign of Emperor Suzong of Tang dynasty. However, it is in Yuan dynasty that gold and silver ingots began to be officially called "yuanbao" as it can be proven by the text of History of Yuan Dynasty－the Story of Yang Shi: Although banknotes are convenient to measure the cash flow of financial office, they can be easily stolen. Therefore, ingots, each weighing about 3 kg, should for convenience be made to replace the banknotes and engraved with "yuanbao". (Written by Wang Jing)

清双喜铭元宝形银锭

Silver ingot shaped in yuanbao and engraved with Chinese characters "囍" (happiness) in the Qing dynasty

高 1.7 厘米、上边长 2.5 厘米、上边宽 1.6 厘米，重 18.0 克。

1988 年发现于绳金塔塔刹葫芦顶内。

Height: 1.7cm; Length of the upper side: 2.5cm; Width of the upper side: 1.6cm; Weight: 18.0 grams.

In 1988, it was discovered in the spire of Shengjin Pagoda.

　　呈灰褐色，元宝形，头尾翘起，中部平，面饰螺旋纹，中间模印阳文"囍"字。实心，边缘不平整，底部有蜂窝状气孔。

　　银锭作为计重使用的贵金属称量货币，从唐代开始就有，但直到清代作为主要货币流通，在社会上得到了最广泛的使用，而且器形繁多，1933 年国民政府"废两改元"，银两退出货币舞台。这件双喜铭银锭为吉语银锭，也是在清朝开始流行起来的，人们为了表达美好愿望，多在银锭上印上"囍"字或者吉庆话语。

（王　静 / 文）

清双喜铭元宝形银锭

Silver ingot shaped in yuanbao and engraved with Chinese characters "囍" (happiness) in the Qing dynasty

It is brown and shaped in yuanbao. Its head and tail cock up. Its surface is inscribed with spiral pattern and "囍" (happiness), a character cut in relief is molded right in the flat middle. There are honeycomb—alike blowholes at the bottom of the solid ingot with uneven edges.

In Tang dynasty, silver ingots started to be used as precious metal currency to measure weight. But it's not until Qing dynasty that silver ingots were widely used as main currency in circulation in the society and had a variety of shapes. In 1933, the national government replaced silver ingots with silver coins and silver ingots are no longer used as currency. In order to convey good wishes, people often molded "囍" (happiness) or other auspicious words on silver ingots. This silver ingot with auspicious word started to catch on in the Qing dynasty. (Written by Wang Jing)

清东海磁石
Magnet Stone of the East China Sea in the Qing dynasty

高 2.9 厘米、长 5.0 厘米、宽 3.0 厘米。

1988 年发现于绳金塔塔刹葫芦顶内。

Height: 2.9 cm; Length: 5.0 cm; Width: 3.0 cm.

In 1988, it was discovered in the spire of Shengjin Pagoda.

    磁石为不规则状，其上吸有一铁片，铁片锈蚀严重。

    东海磁石的名称来源于同出绳金塔塔刹的清道光旷园记事纸本轴。东海指今天山东半岛以东的黄海海面，我国古代人民对东海有着特殊的情结，东海和昆仑山是我国两大神话系统的渊源，传说东海海面上漂浮着五座山，名叫岱舆、员峤、方壶、瀛洲和蓬莱。尤其是其中的蓬莱仙岛，从战国时期齐威王、齐宣王、燕昭王到秦始皇、汉武帝都曾派人入海求仙，可见东海的神秘色彩。《摩诃止观卷》卷六下："如磁石吸铁，无心而取。夫铁在障外，石不能吸；众生心性即无缘慈，无明障隔，不能任运吸取一切。今欲破无明障，显佛慈石，任运吸取无量佛法，无量众生。"喻无缘之慈悲心。

（王　静 / 文）

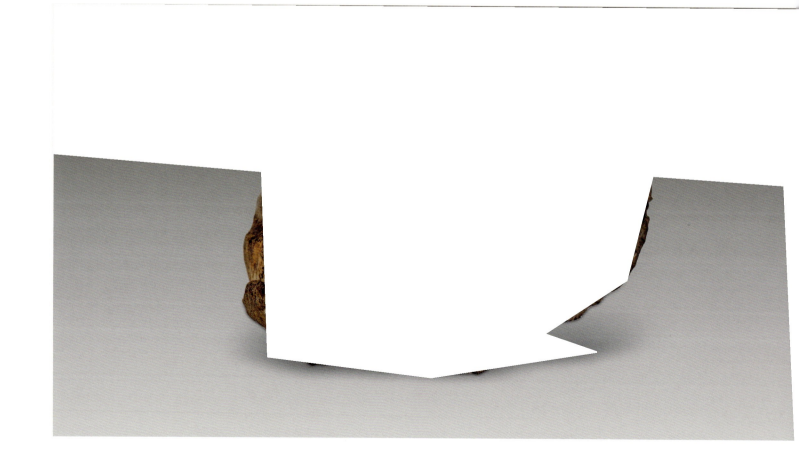

清东海磁石

Magnet Stone of the East China Sea in the Qing dynasty

Upon the irregular Magnet Stone is a rusted iron sheet.

The name of the magnet is derived from the paper Scroll of Discovery Records of Kuangyuan Garden in Shengjin Pagoda the years of Emperor Daoguang in the Qing Dynasty simultaneously discovered in Shengjin Pagoda. The East China Sea Sea refers to current Yellow Sea lying east to Shandong peninsula. Our ancestors possess special complex towards The East China Sea. Our two famous mythologies are closely associated with The East China Sea and Kunlun Mountain. Tale has it that there are five mountains floating on the surface of The East China Sea namely Daiyu, Yuanqiao, Fanghu, Yingzhou and Penglai. In particular, the Penglai island, Qiwei King, Qixuan and Yanzhao in the Warring States period and the Qinshihuang, the first emperor of Qin dynasty and Hanwudi, the emperor of Han dynasty all once sent people to the island in search of the method for immortality. How mysterious the East China Sea is! The sixth chapter of *Moho Chih-kuan* tells about the unconditional mercy by comparing it to magnet stone. (Written by Wang Jing)

清道光旷园记事纸本轴

Paper Scroll of Discovery Records of Kuangyuan Garden in the period of Emperor Daogunag in the Qing dynasty

纵 86.3 厘米、横 37.2 厘米。

1988 年发现于绳金塔塔刹葫芦顶内。

Vertical size: 86.3 cm; Horizontal size: 37.2 cm.

In 1988, it was discovered in the spire of Shengjin Pagoda.

上部对称画出斗柄正反两面，下方钤盖"西藏化身佛之印"印文，其下书写文字，全文为："道光壬午之夏重修绳金塔寺，得见六朝铜梵印一颗，周铜斗柄一具。计印重十二两二钱五分，径方一寸七分半，高连纽一寸五分。纽驯象形，土骨溜金，制作古雅，疑系六朝时物，镌有梵文奇古，据姚秦梵字音释为西藏化身佛之印七字。斗柄重十六两，外围合二尺四寸，铸有南北斗十五星，形如距，传世黑漆古也。塔本浮屠，因用梵印，高耸天表，又用柄以镇之。匣内仍有僧伽袈裟一，董香光石刻金刚经一，滇玉九芝如意一，护身藏铜佛一，黄白金各一，东海磁石一。清旷园记事"

其自名为旷园记事，记载了道光壬午即道光二年重修绳金塔时发现古物一事，这些古物也都与旷园记事同出。旷园记事对绳金塔塔刹出土文物的定名以及研究都有着重要的意义。

（王 静 / 文）

清道光旷园记事纸本轴

Paper Scroll of Discovery Records of Kuangyuan Garden in the period of Emperor Daogunag in the Qing dynasty

Two handles of the Dipper are symmetrically drown on the upper side. Right below the handles is the inscription of "Seal of Tibetan Incarnation Buddha", under which is the full text which depicts the findings in Shengjin Pagoda: "When Shengjin Pagoda was renovated in the summer of 1822, the following things were discovered, including: One bronze seal with Sanskrit inscription and one bronze handle, with a weight of 612.5 grams and a width of 1.75 inches and a handle height of 1.5 inches. The handle is shaped like an elephant and is of classic elegance, possibly made in the Six Dynasties. At the seal bottom is the Sanskrit inscription which is translated as "Seal of Tibetan Incarnation Buddha" by Yao Qin. And the handle is rectangular and is cast with 15 bright stars, towering into the sky. Besides, a small casket was also discovered in the Pagoda, which contained one silk cassock, one Diamond Sutra inscribed on stone tablet, one jade Ruyi, one Tibetan copper Buddha, one gold ingot and one silver ingot, as well as one magnet stone of the East China Sea."

The Scroll refers to itself as Discovery Records of Kuangyuan Garden which records the discoveries of antiquities in Shengjin Pagoda in the second year of Emperor Daoguang (1822), which was discovered together with the above antiques. The Scroll plays a significant role in naming and studying the cultural relics discovered in Shengjin Pagoda. (Written by Wang Jing)

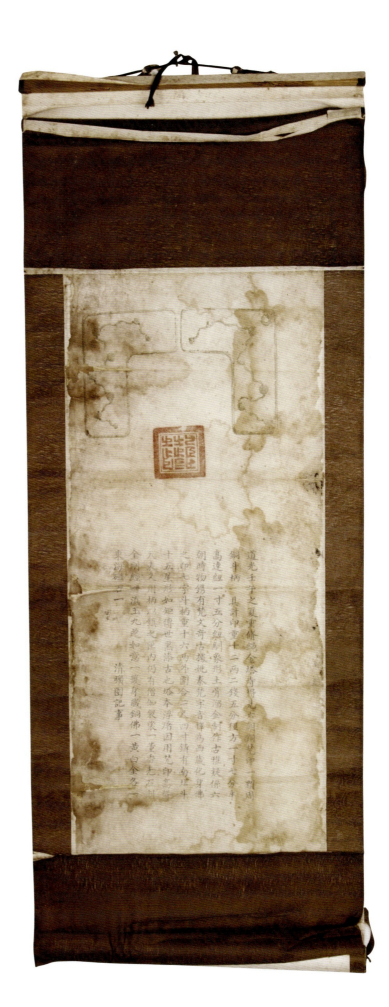

清木念珠

Wooden Beads in the Qing Dynasty

63 粒，珠径 1.0 厘米，总长 26.6 厘米。

1988 年发现于绳金塔塔刹葫芦顶内。

It consists of 63 beads, the diameter of each bead being 1.0 cm and the total length being 26.6 cm.

In 1988, it was discovered in the spire of Shengjin Pagoda.

清木念珠

Wooden Beads in the Qing Dynasty

念珠梵名"钵塞莫"，也称数珠、诵珠等，佛教徒诵经时用来计算次数的串珠，念珠并非佛教独有，道教、天主教等宗教也都有。念珠的本源应为印度人以璎珞蔓条缠身的风俗演化而来，佛教最初是没有使用念珠的，这从佛教早期经典中不见念珠的记载可见，后期的大乘经典中则有了念珠的记载。中国则在隋唐时代开始有使用念珠的记载。佛教的念珠多为108颗，表示除去一百零八种烦恼，即"百八烦恼"，还有54颗，27颗，36颗，18颗等，以108颗最普遍，也有1800百颗，表示十界各有一百零八种。念珠的质地多样，有菩提子、金刚子、名木、金、银、铜、水晶等，因律典无念珠的记载，所以依律典的南传佛教徒较少使用念珠，汉传佛教和藏传佛教则必备念珠。

（王　静／文）

The rosary is also called number beads, reciting beads and so on. It is a kind of beads used for counting in Buddhist chanting. Except for Buddhism, Taoism, Catholicism as well as some other religions can also see this kind of beads. The origin of beads is in the custom that Indians wreath tendril on their bodies. According to the early Buddhist classics, there is no record of beads used in Buddhism. So such a conclusion can be drawn that originally no beads were used in Buddhism. However, we can find some related records in the Mahayana sutras. Chinese people began to use rosary beads in the Sui and Tang Dynasty. The number of the Buddhist beads is generally 108, which means that about 108 annoyances ("hundred and eight annoyances") would be removed. Besides, some other beads can be found, for example, 54 beads, 27 beads, 36 beads, 18 beads and so on. Surely, 108 beads are the most common one. And 1800 beads can be found which mean 108 categories in each of the ten Dharma Realms. The materials of beads are various, including Bodhi fruit, diamond, famous wood, gold, silver, copper, crystal and so on. For there is no record of praying beads in the Law books, southern Buddhists use fewer beads, while Chinese Buddhism and Tibetan Buddhism use them necessarily.(Written by Wang Jing)

三、砖铭碑刻 /Inscriptions on Bricks and Stone Tablets

　　20 世纪 80 年代，南昌市人民政府重修绳金塔，1987 年在塔基出土了宋明时期有关绳金塔青砖十余块。这些青砖虽然残缺严重，但砖上残存的铭文及佛像纹饰却尤其珍贵，为我们研究绳金塔的历史留下了宝贵的实物资料。（赵德林／文）

In the 1980s, Nanchang Municipal People's Government rebuilt the Shengjin Pagoda. In 1987, more than a dozen blocks of cyan bricks in Song and Ming Dynasties were unearthed in the foundation of Shengjin Pagoda. Those cyan bricks were not perfect, but the inscriptions on them and the images of Buddha are especially valuable, allowing for our researching the history of the Sheng jin Pagoda.(Written by Zhao Delin)

宋"皇宋金院"款青砖

Cyan Brick with Inscribed Characters "Huang Song Jin Yuan" Song Dynasty

残长 21.3 厘米、宽 29.5 厘米、厚 9.0 厘米。

1987 年绳金塔地基出土。

Residual length: 21.3 cm; Width: 29.5 cm; Thickness: 9.0 cm.

In 1987, it was unearthed in the foundation of Shengjin Pagoda.

砖为长方形,残。砖正面凹印阳文,仅存"皇宋""金院"四字,余皆素面无纹。

（赵德林 / 文）

The brick is rectangular and residual. The front of the brick is printed characters cut in relief, with only four Chinese characters "Huang Song Jin Yuan" left. And there are no patterns on other sides. (Written by Zhao Delin)

宋"皇宋金院"款青砖

Cyan Brick with Inscribed Characters "Huang Song Jin Yuan" Song Dynasty

明"绳金院僧惟一立"款佛像青砖

Cyan Brick with the Inscription of "Sheng Jin Courtyard Seng Wei Yi Li", Ming Dynasty

长 42.0 厘米、宽 20.3 厘米、厚 7.4 厘米。

1987 年绳金塔地基出土。

Length: 42.0 cm; Width: 20.3 cm; Thickness: 7.4 cm.

In 1987, it was unearthed in the foundation of Shengjin Pagoda.

砖为长方形,残缺。砖侧印有阳文"绳金院住持教化造塔僧惟一立"款,另一侧凸印一佛像。佛像结跏趺坐,两手交叠,着右衽僧服,身、首后有圆形背光,余皆不清。　　（赵德林 / 文）

The bricks are rectangular and residual. On the side of the brick, there are inscribed characters cut in relief "Sheng Jin Courtyard Zhu Chi Jiao Hua Zao Ta Seng Wei Yi Li", and the other side displays a Buddha figure. The Buddha sits on his knees, with both hands folded, and wears the monk's robe. There is a circular backlight behind the body and the head, and the rest parts are indistinct. (Written by Zhao Delin)

明"绳金院僧惟一立"款佛像青砖

Cyan Brick with the Inscription of "Sheng Jin Courtyard Seng Wei Yi Li", Ming Dynasty

明 "叶文臻舍壹万口" 惟一款青砖

Inscribed Cyan Brick of "Ye Wen Zhen She Yi Wan Kou", Ming Dynasty

残长 29.0 厘米、宽 20.0 厘米、厚 7.4 厘米。

1987 年绳金塔地基出土。

Length: 29.0 cm; Width: 20.0 cm; Thickness: 7.4 cm.

In 1987, it was unearthed in the foundation of Shengjin Pagoda.

　　砖为长方形,残。砖正面凹印阳文 "……坊叶文臻舍壹万口" 款;砖一侧印阳文 "……教化造塔僧惟一立" 款。（赵德林 / 文）

The bricks are rectangular and residual. The front side carries the printed characters cut in relief "Fang Ye Wen Zhen She Yi Wan Kou". And on one side of the brick, there are characters cut in relief "Jiao Hua Zao Ta Seng Wei Yi Li".(Written by Zhao Delin)

明"塔僧"款青砖

Cyan Brick with the Inscription of "Ta Seng"（Monk of the Pagoda）Ming Dynasty

残长 19.5 厘米、残宽 20.0 厘米、厚 7.2 厘米。
1987 年绳金塔地基出土。

Length:19.5 cm; Width: 20.0 cm; Thickness: 7.2 cm.
In 1987, it was unearthed in the foundation of Shengjin Pagoda.

　　砖为长方形，残缺严重。砖侧可见凸印阳
文"塔僧"二字。　　　　　　　（赵德林 / 文）

The brick is rectangular and residual. One side of the brick is inscribed with the characters cut in relief "Ta Seng" (Monk of the Pagoda). (Written by Zhao Delin)

明"造塔僧惟一立"款青砖

Cyan Brick with the Inscription of "Zao Ta Seng Wei Yi Li" Ming Dynasty

残长 25.0 厘米、宽 20.7 厘米、厚 7.3 厘米

1987 年绳金塔地基出土。

Length: 25.0 cm; Width: 20.7cm; Thickness: 7.3 cm.

In 1987, it was unearthed in the foundation of Shengjin Pagoda.

砖为长方形，残缺严重。砖侧印有阳文"……化造塔僧惟一立"款。 （赵德林 / 文）

The brick is rectangular and residual. One side of the brick is inscribed with the characters cut in relief "Hua Zao Ta Seng Wei Yi Li". (Written by Zhao Delin)

明"金院造塔僧"款青砖

Cyan Brick with the Inscription of "Jin Yuan Zao Ta Seng" Ming Dynasty

残长 20.5 厘米、宽 18.3 厘米、厚 5.8 厘米

1987 年绳金塔地基出土。

Length: 20.5 cm; Width: 18.3 cm; Thickness: 5.8 cm.

In 1987, it was unearthed in the foundation of Shengjin Pagoda.

　　砖为长方形，残缺严重。砖侧印有阳文篆书"……
金院造塔僧……"款。　　　　　　　　（赵德林 / 文）

The brick is rectangular and residual. One side of the brick is inscribed
with the characters cut in relief "Jin Yuan Zao Ta Seng". (Written by
Zhao Delin)

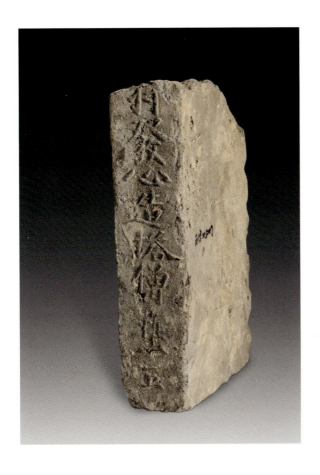

明 "发心造塔僧惟一立" 款青砖

Cyan Brick with the Inscription of "Fa Xin Zao Ta Seng Wei Yi Li" Ming Dynasty

残长 22.5 厘米、宽 15.5 厘米、厚 5.3 厘米。

1987 年绳金塔地基出土。

Length: 22.5 cm; Width: 15.5 cm; Thickness: 5.3 cm.

In 1987, it was unearthed in the foundation of Shengjin Pagoda.

　　砖为长方形，残缺。砖侧印有阳文 "……持发心造塔僧惟一立" 款。　　（赵德林 / 文）

The brick is rectangular and residual. One side of the brick is inscribed with the characters cut in relief "Chi Fa Xin Zao Ta Seng Wei Yi Li".
(Written by Zhao Delin)

明"绳金"款佛像青砖

Cyan Brick of the Statue with the Inscription of "Sheng Jin" Ming Dynasty

残长 16.0 厘米、残宽 23.0 厘米、厚 8.5 厘米。
1987 年绳金塔地基出土。

Length: 16.0 cm; Width: 23.0 cm; Thickness: 8.5 cm.
In 1987, it was unearthed in the foundation of Shengjin Pagoda.

砖为长方形，较厚，残缺严重。砖侧凸印
一佛像，纹饰清晰。佛像结跏趺坐，两手交叠，
着右衽僧服，可见面部五官，身、首后有双轮
圆形背光。另一侧印阳文，仅见"绳金"二字。

（赵德林 / 文）

The brick is rectangular and residual. One side of the brick is inscribed a statue with distinct patterns and decorations. The statue sits on his knees, with both hands folded, and wears the monk's robe. There is a circular backlight behind the body and head, and the other side is inscribed with the characters cut in relief "Sheng Jin". (Written by Zhao Delin)

明"绳金"款佛像青砖

明"绳金院政德"款佛像青砖

Cyan Brick with the Inscription of "Sheng Jin Courtyard Zheng De" Ming Dynasty

残长 17.8 厘米、宽 22.2 厘米、厚 8.5 厘米。

1987 年绳金塔地基出土。

Length: 17.8 cm; Width: 22.2 cm; Thickness: 8.5 cm.

In 1987, it was unearthed in the foundation of Shengjin Pagoda.

砖为长方形，较厚，残缺严重。砖正面凹印阳文，仅见"政德"二字。砖侧凸印一佛像，着右袒僧服，结跏趺坐，有背光。另一侧印阳文，仅见"绳金院"三字。

（赵德林 / 文）

The brick is rectangular and residual. The front side is inscribed with the characters cut in relief "Zheng De". On one side is inscribed a statue who sits on his knees, with both hands folded, and wears the monk's robe. And on the other side are only three characters "Sheng Jin Courtyard". (Written by Zhao Delin)

明"绳金院积善坊"款佛像青砖
Cyan Brick with the Inscription of "Sheng Jin Courtyard Ji Shan Lane" Ming Dynasty

残长 21.0 厘米、宽 20.0 厘米、厚 7.5 厘米。

1987 年绳金塔地基出土。

Length: 21.0 cm; Width: 20.0 cm; Thickness: 7.5 cm.

In 1987, it was unearthed in the foundation of Shengjin Pagoda.

　　砖为长方形,残缺,仅剩上半部。砖正面凹印阳文,仅见"积善坊"三字。砖侧凸印佛像,纹饰清晰可见。佛像结跏趺坐于波涛之上,两手交叠,着右衽僧服。其面庞清瘦,五官清晰,高额无发,胸前似有"卍"纹,身、首后有双轮圆形背光。砖另一侧印阳文,仅见"绳金"二字。

(赵德林/文)

The brick is rectangular and residual with only the upper part left. The front side is inscribed with the characters cut in relief "Ji Shan Fang". One side of the brick is inscribed a statue with distinct patterns and decorations. The statue sits on his knees on the waves, with both hands folded, and wears the monk's robe. He is thin and bald, with a pattern of "卍" on his chest and a circular backlight around his body. And the other side is inscribed with the characters cut in relief "Sheng Jin". (Written by Zhao Delin)

明"绳金院崇仁坊"款佛像青砖

Cyan Brick with the Inscription of "Sheng Jin Courtyard Chong Ren Lane" in Ming Dynasty

残长 25.0 厘米、宽 20.4 厘米、厚 7.7 厘米。

1987 年绳金塔地基出土。

The rest's Length: 25.0 cm; Width: 20.4 cm; Thickness: 7.7 cm.

In 1987, it was unearthed in the foundation of Shengjin Pagoda.

　　砖为长方形，残缺严重。砖正面凹印阳文，仅见"崇仁坊"三字。砖两侧面较模糊，一侧可辨"金院"二字，另一侧为结跏趺坐佛像，有圆形背光。

（赵德林／文）

The brick is rectangular and residual. The front side is inscribed with characters cut in relief "Chong Ren Lane". On one side is inscribed a statue sitting on his knees with circular backlight, and on the other side are only two characters "Jin Yuan". (Written by Zhao Delin)

清同治刘坤一撰 "重修绳金塔记" 青石碑刻

Cyan Stone Tablet Inscription of Liu Kunyi′s Record of the Reconstruction of Shengjin Pagoda Qing Dynasty

清同治六年七月（夏历 1867 年 7 月）刘坤一主持重修绳金塔及塔下千佛寺，同治七年十一月（夏历 1868 年 11 月）绳金塔竣工，同治八年二月（夏历 1869 年 2 月）刘坤一撰《重修绳金塔记》。此碑文为南昌人蒋芳所书，青石阴刻，现存立于绳金塔前。

蒋芳字篆云，南昌人，民国魏元旷《南昌县志》中有载。清咸丰元年辛亥乡试举人，为万载教谕，袁州教授。清李放、叶眉纂录《皇清书史》，记其书法宗柳公权，挺拔劲健。

（赵德林／文）

Under the direction of Liu Kunyi, the reconstruction of Shengjin Pagoda and Thousand Buddha Temple next to it was started in July, 1867 and was completed in Novemeber, 1868. And on February, 1869, Liu Kuiyi wrote the Record of the Reconstruction of Shengjin Pagoda, and later it was inscribed on a cyan stone tablet by Jiang Fang, a native of Nanchang. At present the tablet stands in front of Shengjin Pagoda.

Jiang Fang, also styled as Zhuanyun, was born in Nanchang, which was recorded in *The Annals of Nanchang County* by Wei Yuankuang during the Republic of China (1912−1949). In 1850, he became a successful candidate in the imperial examination at the provincial level and later the official instructor in Wanzai County and Yuanzhou Prefecture. According to the record in *The History of Calligraphy in Qing Dynasty*, compiled by Li Fang and Ye Mei, Jiang Fang's handwriting was inherited from Liu Gongquan, which was straight, magnificent and powerful.

(Written by Zhao Delin)

第七章　民间传说

一、掘宝建塔

"没有绳金塔,就没有南昌城"。这是千百年来南昌人民广泛流传的一句口头俗语。此话从何说起呢,绳金塔果真有如此重要么?

相传,古时候的南昌是个水乡泽国,城内三湖九津,江河纵横。每当狂风起时,飞沙走石,地动山摇,人们就好像坐在摇摇晃晃的木排之上。原来这是块"木排之地"。据说没有建塔之前,这块"木排"底下是一片汪洋,常有蛟龙精作怪,常常闹水灾。因此,人们把风、火、水三灾称为"三害"。每年被三害夺去生命的人不计其数,人民叫苦连天,整天提心吊胆地过日子。唐朝天祐某年夏天,半夜狂风大作,只见一轮火球腾空飞起,火星四溅,所过之处,旋即火起,一刹时,火借风势,风助火威,漫延数十里,烧毁民房一万七千余栋。一路之上,残垣断壁、尸横遍野。当时豫章郡刘太守,为官清廉,深受人民爱戴,为了安抚百姓,除了开仓赈灾之外,又立即召集全城大小官员,商议治理三害的办法。可是大家商量来商量去,谁也拿不出一个妥善的办法来,这时有个梅姓的书生来见太守,他是西汉豫章隐士梅福的后裔,他出主意说:"豫章古城,人杰地灵,倘若大人张榜求贤,必有高人献策。"大家听了频频点头称是。

刘太守采纳了这位梅姓书生的建议,次日在各城门张贴求贤治理三害的榜文。但是榜文贴出两三个月,看的人多,说的人少,更没有人前来揭榜献策,刘太守急得坐卧不安。

却说在南昌城南进贤门外的荒郊之处,住着一位搓牛绳为生的老人,姓金名牛根。金老头年轻时也读过几句诗文,略通文墨还懂得一些风水,老伴沈氏,是个忠厚善良、聪明贤惠的妇人,他们夫妇俩都已六十开外,天天起早摸黑,以搓牛绳为生。自从四十年前,他们的独生儿子在一次火灾中被烧死以后,金老头便立志誓除三害,为子孙万代造福。他走遍了七门九洲十八坡,考察了三街六市的地形地势,研究根除三害的办法。

一天,金老头卖完牛绳回家,当他走到章江门外时,突然雷声隆隆,狂风骤起,大雨倾盆而下,金老头迅速躲到江畔的渡亭中避雨。这时,只见江中水流湍急,咆哮奔腾,江中船只纷纷抛锚泊岸。有一木排在水上漂泊不定,眼看就要被水冲走,但放排人从容镇定,奋力将一根长竹篙插入江底,牢牢地稳住了木排。金老头眼睛一亮,闪过一个念头:既然木排可以插篙固定,"木排之地"不是也可以打个地桩固定下来吗?于是他冒着大雨兴冲冲地赶回家,把自己的想法告诉老伴,沈氏觉得这个主意是不错,可是豫章城这么大,地桩怎么个打法?老俩口商量了整整一夜,直到鸡叫三遍还没有商量出一个好办法。他想，还是让我慢慢去找吧。从这天起，他趁外出卖绳的机会到处查访，费了整整三年时间，跑遍了七门九洲十八坡，走遍了三街六市和所有里巷，考察了三湖九津的地形地势，绘制了豫章地理图和治水图，但是仍然没有找到一个适合打桩的地方。

金老头的诚意感动了神仙。有一天，他拖着疲惫不堪的身子回到家里，倒头便睡，渐渐地进入了梦乡，他梦到一位鹤发童颜的高僧站在他家门前的菜地上，他一只手挂着一根龙头禅杖，禅杖上吊着一个古铜色的葫芦，另一只手捻着胸前的佛珠，金老头忙起身施礼说："不知仙长驾到，有失远迎。"僧人用禅杖在地下重重地敲了三下，微笑着对他说："进贤门外，吾佛重地，水火既济，坐镇江城。"说完飘然而去。金老头一惊，猛然醒来，原来是南柯一梦。他反复琢磨刚才的梦境，若有所悟，便提了锄头，来到菜地上，挖那梦中高僧用禅杖敲过的地方，只听得"当"的一声，挖出了个大铁盒子，这个盒子内圆外方，呈八面形，金老头忙打开盒子一看，里面有七层：第一层，装着四根金光闪闪的绳子；第二层，盛着一个光芒四射的金瓶；第三层，装有三百粒亮晶晶的佛珠；第四、五、六层各有一把寒光逼人的宝剑，剑柄上分别镂刻着"驱风""镇火""降蛟"的字样。第七层，装着一块竹简，上面刻着二十个字的偈语：一塔镇洪州，千年

不漂流；金塔勾地脉，万载永无忧。

金老头看罢心中豁然开朗。啊，原来是要在这里建造一座塔寺，好比打下一个大地桩，这样就可以拴住"木排"地，驱风镇火，压住蛟龙啊。于是他连忙跑到太守衙门，揭下了榜文，并向太守报告了事情的经过。刘太守听了，不住地点头称是，并立即打轿来到进贤门外金老头的家中，验看了铁盒和所得之物。

第二天，刘太守便在进贤门外筑坛焚香，拜谢天地，然后下令营建塔寺，金老头又根据梦中所见的铁盒的形状，画了一张内圆外方、七层八面、葫芦顶的宝塔图样，将塔图和早已绘好的豫章地理图、治水图一并交给了刘太守。同时又把献策所得的五百两赏银和自己一生勤俭积蓄起来准备为自己办后事的四两黄金一起献了出来，捐助建塔。消息传出后，全城百姓欢声雷动，纷纷捐款，建塔的工程很快就破土动工，参加建塔的人数以万计，这时候的刘太守又根据金老头勘测绘制的治水图。带领民夫，开挖湖塘，疏通河道，引水东流出城。经过整整三年的时间，一座十七丈高、方圆十丈零八尺的七层宝塔和一座殿宇巍峨的塔下寺终于建成。那四根金绳在塔基底下伸向东、西、南、北四个方向，勾锁地脉；那三把宝剑高悬在法华殿上；那净重六十两的金瓶和金老头捐出的四两黄金一起熔镀在塔顶上；那三百颗珍珠嵌在佛台上。因

金老头搓绳献金，挖地又挖到金瓶、金绳，所以就命名为"绳金塔"。

绳金塔与滕王阁遥遥对峙，此塔峥嵘凌空，白云缭绕，塔寺飞檐翘脊，殿宇巍峨，蔚为壮观，已成为南昌市重要的名胜古迹之一。

二、两换塔顶

绳金塔巍然耸立在进贤门外已经一千多年了，然而那葫芦形的顶却终年熠熠生辉，金黄色的光泽永远也不褪去，这是什么原因呢？据说这是一个"宝顶"。传说在建塔的时候，地仙郭璞用风火宝铜在炼丹炉里锤炼了九九八十一天，安装的时候，禅月大师设坛祭天，花了九九八十一斤风火铜，外层是八八六十四两黄金，顶内装有八卦，顶壁画有水族水兽，顶底刻有"驱风镇火，降妖伏魔"八个大字，因有了这个宝顶，南昌才避免了风、火、水三灾。

清朝乾隆年间，南昌来了个新任知府，姓霍名守正，此人本是满州旗人，生就一副奸相，一对贼溜溜的三角眼，配上一个鹰钩鼻子，叫人一看就讨厌。霍守正的为人也确实阴险狠毒，贪赃枉法，无恶不作，脸上却常常皮笑肉不笑地对人打哈哈，老百姓都恨透了他，但是，由于他在京为官时，善于拍马吹牛，阿谀奉承，得到乾隆皇帝的赏识和权贵和珅的庇护，

所以谁也奈何不得他。有一年乾隆在宫里住腻了，听说江南一带风光秀丽，便带了几个亲信跑到江南来游山玩水。当他来到南昌府时，这位霍大人忙得不可开交，他陪着乾隆皇帝游遍了豫章十景后，又在一个风和日丽的日子来到了绳金塔寺。乾隆皇帝抬头一看，只见绳金塔顶金光灿灿，便连连说道："好塔，好塔！"这位霍大人立即趋奉道："启奏万岁，这个塔顶是件稀世珍宝，它既可驱风，又能镇火，倘遇雷鸣电闪，火球坠落，此顶就会张开葫芦口，把远近的火球一个个吞了进去，有了这个葫芦宝顶就不怕火了。"乾隆听了连连点头，口称："妙哉，妙哉！"霍守正听了眼睛一转，懂得乾隆的心思，认为自己升官发财的机会到了，连忙跪下请旨修塔，乾隆点头答应回京以后再说。

乾隆皇帝回京不久就传下圣旨，命霍守正择日修塔，霍守正满心欢喜，一面派人四处征收塔捐，不从者以抗旨论处，自己则中饱私囊，趁机大捞一笔，一面命西山的钟鼎匠偷偷地铸造了一个金质的塔顶，以备修塔时偷偷地把那只宝顶换走。若要人不知，除非己莫为。这样大的事还能瞒得住么？霍守正想换宝顶的消息，一传十，十传百，一下子传遍了全城，男女老少，怒气冲天，三街六市，奔走相告，塔寺前挤满了愤怒的人群，大家围着塔寺老方丈，七嘴八舌，议论纷纷，可是谁也想不出一个好办法

来。因为修塔是皇上下的圣旨呀！正当大家争论不休，左右为难的时候，忽然来了一个花白胡子的老人，只见他两眼炯炯有神，双手分开众人来到塔前，声音洪亮地说："别急，别急，三个臭皮匠，顶个诸葛亮。我们一起想办法吧。"大家仔细一看，这个人就是赫赫有名的西山钟鼎师傅。他本姓宗，家住西山脚下的宗村，因为他有一手铸造钟鼎的好手艺，因此大家都叫他"宗老座"。老方丈连忙把宗老座和领头的木匠让进了方丈禅房，大家共同商量对付霍守正的办法。宗老座让大家讲完以后，站起来不慌不忙地说："诸位，不瞒你们说，霍守正想偷换宝顶的事我早就知道，他那只金顶就是我铸造的。我们只要如此这般秘密行事，保险能够保住这个宝顶。"大家听说金顶是宗老座造的，先是一怔，后来听了他对付霍守正的办法，都觉得主意很好，于是大家欢天喜地地分头准备去了。到了动工修塔的这一天，霍守正坐着绿呢大轿，前呼后拥地来到塔寺前，他装模作样地登坛拜祭后，就命宗老座赶快动工，自己则摇摇摆摆地来到寺内喝茶。塔寺方丈连忙上前招呼，与他下棋消磨时光。当衙役跑来向他报告宝顶已经取下时，他高兴地一推棋盘，忙向方丈告辞，命心腹之人把宝顶、铜钟、蛤蟆石三件宝物一起偷偷装上一只大船，往北京进发。

来到北京，霍守正首先拜会了和珅大人，然后由和珅把他引进皇宫后院，向乾隆皇帝禀告了送宝到京之事。乾隆听了呵呵大笑，还夸他办事能干。

第二天，文武百官朝贺已毕。乾隆皇帝一道圣旨下来，命将铜钟和蛤蟆石收藏宝库，将宝顶抬到天坛南边的祭天台上，然后选择了一个黄道吉日，召集文武百官到祭天台去拜祭，试一试宝顶的灵验。这一天，文武百官到齐之后，只见一百个武官骑着高头大马，举着一百个熊熊燃烧的火把球，站在祭天台旁等候命令。鼓响三通之后，这一百个武官环绕着祭天台上的宝顶转圆圈，把一百个火球向宝顶掷去。乾隆皇帝和文武百官一个个瞪圆眼睛想看看宝顶吞火球的奇观，可是万万没有想到，轰的一声烈焰腾空而起，吓得文武百官屁滚尿流，抱头鼠窜。等到大火扑灭以后，祭天台早已烧毁了一角。这下霍守正可犯了欺君大罪，乾隆立即下旨将他打入天牢问罪。

这是怎么回事呢？原来宗师傅在奉命铸造金顶时，暗暗铸造了一个与金顶一模一样的铜顶，霍守正与方丈下棋的时候，就用这只铜顶冒充宝顶抬到了知府衙门，把金顶装上了绳金塔，又把那只真正正的宝顶埋藏在寺后的老槐树下。待霍守正走后，又偷偷将宝顶挖了出来，装上了绳金塔，然后把换下来的金顶熔化，重镀菩萨金身，所以宝顶才得以保全下来。

可是，二百年以后，日寇侵占南

昌，有个黑田少佐听说绳金塔顶是稀世珍宝，便处心积虑地想把它弄到日本的寺院上去，但因为日本人是信仰佛教的，不敢强抢，便铸了一个铁顶，派了一个连的鬼子兵去企图换下宝顶。

这一天，黑田少佐率领大队人马来到绳金塔下，按照塔的外八面形扎架竖梯，命令八个鬼子兵从八个方向爬上塔去。但这八个日本鬼子刚一摸到塔顶就一个个倒栽下来，摔得粉身碎骨而死。黑田以为是鬼子兵不小心，嗷嗷乱骂了一通，接着又派八个鬼子兵爬上去。领头的喊着："一、二、三。"想抬起宝顶来，但手一触到宝顶又倒栽葱掉下来，黑田默想片刻，念了一声："有了，有了。"便率领所有的鬼子兵进寺去焚香燃烛，拜敬菩萨，随后又命令十六个鬼子兵再爬上去。可是这一回刚刚爬到塔顶边上，还没等喊完"一、二、三"就轰隆一声梯倒架散，全部摔了下来，死的死，伤的伤。黑田少佐简直吓懵了，连忙跑进寺院跪地叩头谢罪，请求佛爷宽恕，然后悻悻而归。黑田少佐回到营房坐卧不安，忽然觉得头昏眼花，心口疼痛，不久就患病而死，大家都说这是触犯了神灵的结果。

实际上是怎么回事呢？原来是一位爱国的京剧武生，在黑田少佐换顶的头天晚上，从塔内的楼梯上摸到了塔顶，暗地里在宝顶的底部装了根电线，接通了电源，所以鬼子兵一摸到宝顶就触电掉下来活活摔死，而黑田少佐却是因为受了惊吓，心脏病暴发而死的。

三、塔联择婿

绳金塔建成之后，风、水、火"三灾"果然销声匿迹，人们安居乐业，南昌城成了江南粮仓，豫章郡刘太守受到人民的爱戴，由他发起，每年中秋节要烧"太平塔"，绳金塔上要点灯，这宝塔七层八面五十六孔，一眼望去，四面八方闪光耀眼，非常壮观。

这年中秋节，刘太守捐灯油五十斤，命家人送往绳金塔寺，要和尚加添绳金塔上灯火，夜晚带领夫人王氏和女儿瑞莲来到绳金塔寺进香赏月。和尚把塔上灯火点得通明，侍候刘太守到佛殿上香完毕，请到塔寺前观赏塔月。

一轮明月升起，万家灯火闪闪，全城爆竹声声，好不热闹。瑞莲小姐很有才学，题诗答对，样样精通。今夜来到绳金塔，看见塔上灯火辉煌、华光四射，心情非常激动。随口念出一句上联："塔上点灯，层层孔明诸葛（格）亮"。太守见上联文字不俗，连声叫好，夫人也很高兴。再问瑞莲下联怎样，瑞莲回答不出来，想了一下，含羞地说道："爹爹，豫章人杰地灵，何不写张榜文出去，若是有人对得下联，也算是个才子，女儿我……"太守一听，满心欢喜，知道女儿的心思，心想："写张榜文出去，若有人对得下联，将女儿终身相许，岂不了却我二老的心愿吗。"

第二天，刘太守在绳金塔前，贴出一张榜文，上面书写了上联："塔上点灯，层层孔明诸葛（格）亮"。豫章才子若有人对得出下联，揭榜招为门婿。榜文一出，看榜的人络绎不绝，官家公子、豪门子弟、城里读书人奔走相告，前往绳金塔看榜，只是没有人敢揭榜。

且说莲塘漆家庄，有位漆公子，名唤子菱，是村上有名的秀才。这日听了消息，赶到城内看榜，见上联是："塔上点灯，层层孔明诸葛（格）亮"。既写了绳金塔的景色，同音寓意，又有前辈人字号，仔细一想，无法对得下联，只好迈步回乡。但是"塔上点灯，层层孔明诸葛（格）亮"反复在脑子里思考，不得平静。一路走下来，觉得累了，就在一座小桥头坐下休息。忽见一老农民，肩挑一担粪想过桥去。但是板桥狭小，不敢跨步。于是放下粪，请子菱抬过桥去。子菱从小生长在农村，对抬粪并不讨厌，于是撩起长衫，抬起了粪桶，小心地和农民抬过去一桶，回来又抬过去一桶。老农感激不尽，说道："相公，你在这里休息，我到池塘里挖几节藕给你吃。"子菱忙说："老伯伯，不用，不用。"老农说："池中藕是我栽的，不要紧，我要选几节好藕给你吃。"他一边说，一边去到池边，只见荷叶茂盛，一支

娇艳的红莲迎风怒放，他高兴地说："莲花欢笑，瑞气盈门，是一朵瑞莲。下面必有好藕。"子菱失声说："啊，一朵瑞莲。""相公，你彩头不错。刚才跟我抬了两桶'屎'，两桶为一双，可说是双'喜'（'屎'南昌音'喜'）临门。"说着把莲花摘下，送到子菱手里，子菱满心欢喜。老农民顺手拿起丢在塘边的铁锹，挖出一节白嫩的藕，用水洗净，拿在手中称赞说："相公，你走鸿运，这藕太白了。"子菱正在思考上联，老农的言谈举动，使他惊住了。"池中藕是我栽的""一朵瑞莲""这藕太白了"这些话重新在脑子里闪过，一副下联正在孕育着。这时，老农把一节白藕抛上岸来说："这节藕好，没有带根，根藏在泥里，让我再取第二节。"子菱想，泥里藏根，不觉顿时惊叫起来："对上了，对上了。"带着莲花，转身奔过桥去，老农莫名其妙。

子菱再也不觉得疲劳，一口气跑进了城，来到绳金塔揭下了榜文。早有家人禀报刘太守，太守请出夫人和小姐瑞莲，大堂落坐。瑞莲坐在帘子后面等候，传揭榜人进见。子菱迈步进了大堂。太守和夫人见来人眉清目秀，一身书生打扮，年将二十左右，心里早有几分欢喜。刘太守和夫人让子菱在一旁坐下，太守问了子菱姓名而后说："既然揭榜，请把下联对来。"子菱立即说："池中栽藕，节节太白李长庚。"太守一听，"塔上点灯"

正好对"池中栽藕""层层孔明诸葛（格）亮"正好对"节节太白李（里）长（藏）庚（根）"。同音寓意，也是先辈名人字号，不禁失口叫绝。太守高兴，即问下联怎样得来？子菱将遇老农之事说了一遍。太守感叹地说："乡间出真才。"即令子菱书写下联，与瑞莲上联匹对。子菱将莲花献给太守，作为聘礼。夫人将这支莲花交给小姐瑞莲，小姐早已看在眼里，喜在心头。接过莲花，含羞带笑，随着丫环转至后堂去了。太守夫妇高兴得哈哈大笑，说道："将对联挂在绳金塔寺，公布于众，择吉完婚。"

四、绳金塔上除妖精

相传很早以前，绳金塔一带非常繁华，游人络绎不绝，四乡农民都在这里交易，因而这里有"猪市"之称。

但是奇怪的事情也发生了：人们经常在阴雨天气看见塔上有个年轻貌美的女子出现；在月朗星灿的晚上，听见塔上乐声悠扬；在电闪雷鸣、狂风大作之夜听到塔上有凄厉的哀鸣……

于是，绳金塔上有狐狸精的消息传开了。没有人登塔纵览风光了。一下子市场变得萧条起来，四乡农民也不来交易了，绳金塔下很快地长满了青苔和野草。

绳金塔附近的司马庙有一户渔民，户主赵老汉和唯一的儿子赵龙相依为命，长年累月在抚河上打鱼为生。由于妖精作祟，市场萧条，他们生活非常困苦。一个春雨潇潇的晚上，赵老汉因病无钱医治而死去了，临终前，嘱咐儿子一定要将妖精除灭，让父老乡亲重新过上好日子。赵龙含泪将父亲埋葬了。

次日，赵龙腰插尖刀，径直来到绳金塔下，拔出刀，从一层上到七层，突然间，阴风四起，沙尘扑面，在赵龙的面前倏地出现了一个绝色女子，伸出纤指动手扯他。赵龙将刀砍去，女子倏地不见了。突然间，一阵狂风把赵龙吹到空中，跌落到塔边的一口小塘里。赵龙带着伤痕，在别人搀扶下回到家里。

晚上，赵龙躺在床上，朦胧中只见一白发老人把他领到屋后一个洞口边，从怀里取出一面圆镜说："持此镜沿洞进去，妖精可除灭。"说完不见踪影。赵龙突然惊醒，却是一梦。

次晨，赵龙起床，跌伤部位神奇地好了，他从床底抽出尖刀，忽然发现有一面圆镜在刀旁边，他拿起圆镜，插好尖刀，来到屋后，果然发现在乱草丛中有一个盆口大小的洞。他拨开乱草，爬了进去，越往里进，洞口越大越深。不一会儿，水漫到膝盖，又不久就齐胸深了。赵龙在黑暗的洞中趟着水，不知走了多久。最后，他发现了亮光，洞口的水也浅多了。他顾不得疲劳，加快脚步来到了有亮光的地方，原来这里有一道拱形门，亮光是从这里照进洞里的。赵龙左手拿镜，右手持刀，摸索着进了拱门。不一会儿，他来到一间石室门口，推门进去一看，只见一个绝色女子躺在一张巨大的石床上，墙角乱七八糟地堆着一些骷髅。女人突然惊醒，正在慌乱间，赵龙拿着镜子对她一照，女子竟像被钉子钉住了似的，一动也不能动，赵龙上前一步，一刀往她胸中捅去，鲜血如注，哀鸣声中女子现了原形，原来是一只麻色的大狐狸。

狐狸精除灭了，人们又能安居乐业了。

五、塔寺神医

喻嘉言是明末江西新建朱坊村人（一说本姓朱，为明室宗亲）。天启七年（1627年），他参加丁卯会试考上国子监副榜贡生，曾以诸生员的名义上书朝廷，陈述辅国政见。无奈明王朝已积弱式微，且朝内奸党温体仁排斥异己，喻嘉言的政见未被采纳，他空怀壮志，万念俱灰。

喻嘉言虽生不逢时，却能审时度势，他立志"不为良相，则为良医"，于崇祯三年（1630年）告别京城回到故乡，出家于南昌绳金塔百福寺（即塔前寺），在念佛修身的同时行医济世。由于他博览群书，医术精湛，来求医治病者络绎不绝。绳金塔百福寺

因此香火隆盛、声名远播。

有一日，家住司马庙抚河边的渔民何水根匆匆来到百福寺，请求寺僧为他刚刚死于难产的妻子做法事。因水根是寺院多年施主，主持慧光法师当即应允他的请求，叮嘱徒弟喻嘉言（法号弘远）与他一同前往丧家执事。

师徒来到水根家，见院内两条木凳上架着一口黑漆棺木，女眷们正哭泣着在灵前焚烧纸钱。慧光法师嘱喻嘉言与他一同诵经，为亡故者超度。而喻嘉言却望着棺木出神，因他看见棺木下有点点血迹，其色鲜红，这一情形让他惊愕不已。

喻嘉言拉过师傅，对他说："医家有言'气行则血行'，这棺木滴出的血呈鲜红色，说明其血脉流通而不凝滞，依徒弟看，棺中乃是一个活人！"师傅正色训道："出家人不作妄语！"众家眷附和道："人死盖棺，亡魂不可惊扰。"喻嘉言力排众议，急命众人赶快开棺救人。

众人撬开棺盖，喻嘉言首先用羽毛探试棺中妇人的鼻息，见有游丝状余气尚存，当即从怀中取出银针，分别在妇人的人中、关元、足三里、涌泉穴施行针刺，片刻，妇人眼帘微启，发出一声呻吟，众人惊呼："活了，活了！"

喻嘉言再用艾条灸妇人的关元穴，并用调羹给她喂进人参汤，突然"哇"的一声啼哭，妇人产下一个男婴。众家眷破涕为笑，俱称喻嘉言能起死

回生，喻嘉言则告诉众人："人死不可复生，该妇人是因难产失血过多而昏阙，形成假死表象，由于抢救及时才得已生还。"

为报答寺僧对母子二人的救命之恩，何水根把捕来的鱼全在绳金塔剑池里放生，并给儿子取名"佛生"，嘱其终生不忘佛主恩泽，遗言子孙世代要为绳金塔守塔。直至民国初年百佛寺毁于战乱，绳金塔的守塔人都是何氏的后人。

六、塔结皇亲

清乾隆八年（1743年），翰林院编修朱轼向乾隆皇帝告假，回江西高安为母亲做寿。由于朱轼是雍正皇帝的重臣，曾做过乾隆的老师，请求千里还家只因恪守孝道，乾隆对朱轼很敬重，当即恩准。

朱轼刚刚离开京城，乾隆就在宫中换上青衣小帽，扮成商人模样，启程前往江西高安。因为乾隆对江南风物与名胜神往已久，此行既可游览江南名山胜水，体察民情，又可顺便给朱轼的母亲祝寿，给老师一个意外的惊喜。

乾隆刚刚在南昌的章江门码头上岸，就听说绳金塔正值庙会，他原先只听朱轼说过绳金塔是建于唐朝的江南名塔，与名楼滕王阁齐名。因此他没有去惊动离章江门不远的江西巡抚

衙门，独自一人前往绳金塔观景。

来到绳金塔下，乾隆想不到进贤门外竟是一个繁华而热闹的所在，塔上风铃声声，塔下市声鼎沸，叫卖声、吆喝声此起彼伏。乾隆见状不由得抚胸赞叹：好一幅江南的《清明上河图》啊！

走进绳金塔下的千佛寺，只见法华殿中佛像庄严肃穆，佛台上香烟缭绕，善男信女顶礼膜拜。有一盛妆艳服的女子正在佛像前进香还愿，当她抬起头来，乾隆一见不禁心中暗叹：江南女子美丽妖娆，真是名不虚传！

经乾隆向旁人打听，方知这个美貌的女子是南昌知府吴同仁家的千金，叫吴春枝，已许配江西巡抚陈宏谋的二公子，而陈二公子却是个名声不佳的浪荡少爷。乾隆从春枝姑娘忧戚的神情来推测，她对父母定下的这门亲事是很不情愿的。

从喧闹的绳金塔庙会出来，乾隆想找个清静的地方散散心。于是他从进贤门入城，沿着一条叫系马桩的小街走到了东湖边，只见满湖碧水，倒映着百花洲上缤纷的花树，虽天色近晚，但东湖的清姿秀色，让乾隆流连忘返。

因时值暮春季节，天有不测风云。当乾隆游兴正浓之时，却突然下起了大雨，东湖四周无处遮避，乾隆见东湖东侧岸边有一栋古旧的老屋，便快步向那老屋走去。

老屋里住着一对朴实而善良的母

子，母亲叫八婆，儿子姓高，叫满生，以种菜为生。八婆见有人进来避雨，忙叫儿子让座、敬茶。乾隆见屋里许多箩筐里放满了各色新鲜的蔬菜，便笑着问道："你们在这东湖边上种菜，可是宋朝苏云卿的后代？"

八婆是个有见识的人，她见来人北方口音，衣饰光鲜，相貌奇伟，猜想此人必有来历，便从容地答道："客官抬举了，我家姓高，家在绳金塔下的慧园街，因东湖边上地肥水好，便到这里与苏公圃为邻，托他的福，日子还算过得去。客官如不嫌弃，今晚就在寒舍用饭吧。"

乾隆游玩了一天，此时已是饥肠漉漉。他不但胃口好，还是个美食家，对八婆端上桌来的每个菜，都能说出它的菜名和做法，只是最后上的一道汤，不知道是用什么做的。八婆告诉他：只有这道汤才算是荤菜了，就叫它"凤胎虫草汤"吧。

天公不作美，一场连绵不休的大雨让乾隆留在东湖边的老屋。深夜，乾隆听见八婆在隔壁细声对儿子满生说："崽呀崽，不要难过，我晓得那两个鸡蛋再孵几天，小鸡就要出壳了，可今天这位客官是场面上的人，桌上没有一样像样的菜，我这张老脸也没处放呀！"

乾隆又听见满生回答说："娘呀娘，我们家也就这两个鸡蛋的家当了，我晓得娘是想让它孵出小鸡，以后鸡又生蛋，蛋又生鸡，就这样种菜卖蛋，

攒足钱再给我讨老婆，八字还没有一撇呢。今天难得有人在我们家吃饭，这是人家看得起我们，娘放心，我不心疼这两个蛋！"

第二天清早，天已放晴，乾隆准备去高安造访朱轼家，他对高家母子说："在贵府打搅了一天，身上又没带银两，无以回报，你可将家中为难之事告诉我，让我有机会帮上忙，不知府上意下如何？"

八婆听罢连连称谢，说："我们种菜的人家只求过平安的日子，倒没有什么为难之事。"乾隆转身对满生说："你好像还没有成家吧，如果看上哪家的姑娘，但说无妨。"说得满生一脸羞报，他讷讷地说："看是看中了一个，可人家是知府大人的千金呀……"

八婆听罢抢过话头："蝉崽呀蝉崽（南昌话'傻孩子'之意），亏你好意思说出口，春枝姑娘也是你想得到的么？这不是癞蛤蟆要吃天鹅肉吗？"乾隆却哈哈一笑道："这个忙我倒是可以帮帮看。"说罢转身飘然而去，高家母子一脸茫然，半天回不过神来。

次日清晨，满生正挑着木桶去菜地浇水，远远地看见一大队人马簇拥着一顶花轿，吹吹打打地走过状元桥，来到他家门前，为首的府台衙役拱手对着八婆说：："恭喜恭喜！乾隆皇帝认了春枝姑娘为干女儿，今天就要与你的儿子拜天地啊！"

满生愣了，他简直不敢相信那美若天仙的春枝姑娘就要和自己成亲，他不停地咬着手指头，以证实是不是在做梦，直到八婆用簪子在他颈后狠狠地扎了一下，大声喝道："蝉崽，还不谢恩！"满生才哆嗦着一边叫痛，一边向衙役施礼致谢。

由于高家的祖宗牌位还留在绳金塔下慧园街的祖屋里，于是，衙役们七手八脚地给满生披红挂彩，又把他扶上高头大马，领着花轿前往绳金塔。一路上热闹非凡，人们议论纷纷，有人说这是一朵鲜花插在牛屎上，蝉人有蝉福；也有人说因为高家人忠厚老实，好人有好报。

高家与皇帝沾上亲的事，一夜之间在南昌城传为美谈。当然，只有江西巡抚陈宏谋家的二公子对此嫉恨不已，就在满生与春枝在绳金塔下的祖屋成婚的当晚，陈二公子召集了当地的地痞罗汉十余人来到东湖边上的高家菜园，不但捣烂了地里的所有蔬菜，还砸门破窗，连屋上的瓦片也掀去了。

处境最尴尬的当数南昌知府吴同仁，他的女儿被乾隆认作干女儿并嫁给高家，只是皇上的口头授意，没有下圣旨，他当然没有"皇亲"的名份，而这件事又恰恰得罪了他的上司陈宏谋，想到未来的处境，吴同仁很自知之明，因此，在事后不久，他便托病辞官回乡去了。

虽然是乾隆皇帝乱点鸳鸯，但是人们想不到满生和春枝还真的成了一对恩爱夫妻，只是陈二公子背地叫人常来骚扰，他们无法安生。好在进贤知县熊梦麟与吴同仁是同榜秀才，有同科之谊，高家从此回到原籍进贤县前坊周坑村，过上了男耕女织的安稳日子。

却说乾隆离开南昌去高安朱轼家祝寿，又在江南游历数年之后回到京城，在宫廷尝遍南北名厨，让御膳坊费尽心机，都无法做出当年南昌东湖边上的高家"凤胎虫草汤"的原汁原味。

为讨皇上欢心，御膳坊总管根据乾隆"南昌东湖边上老房子"的提示，派人专赴南昌征取"凤胎虫草汤"配料与烹饪方法。可是当年的老房子已破败不堪，无人居住，菜地也早已荒芜，杂草丛生，高家人已不知去向，"凤胎虫草汤"从此成为未解之秘。

虽然乾隆皇帝再也没有喝过正宗的"凤胎虫草汤"，但"凤胎虫草汤"的配方与烹饪方法却在南昌民间流传，有的厂家还据此开发出"鸡胚宝宝素"等营养保健品。据说，在两百多年后，进贤前坊高家人的后代又回到了南昌东湖边上的苏圃路，开了个"老房子"酒家，说不定在那里还可以喝到正宗的"凤胎虫草汤"呢。

（黄　丽／整理、撰文）

　　清初陈弘绪《江城名迹》记豫章民谣云"藤断葫芦剪，塔圮豫章残"，谓滕王阁、绳金塔毁则豫章残，可见绳金塔在南昌人心目中的重要地位。其实，绳金塔不仅是省府南昌的吉祥宝物，同时也是整个江西的合省文峰宝塔。绳金塔始建于唐末天祐年间，至今已逾千年，因塔能禳灾镇火，庇佑生民，又可振兴文教，历代统治者和民间无不举力修缮，履毁履兴。除唐末始建外，至 1988 年绳金塔共有 1 次重建，8 次重修。现存塔为清康熙五十二年重建，经过乾隆、道光、同治年间数次重修，是南昌市现存唯一的高层古建筑，省级文物保护单位。作为绳金塔的保护管理单位，南昌市博物馆有责任将绳金塔的历史文化展示给大家，于是便有了出版《绳金塔文物》的想法。

　　由想法到现实，《绳金塔文物》的正式出版离不开主管局南昌市文化广电新闻出版局的大力支持，离不开编辑组同志们的辛勤劳动。2017 年 6 月，编写工作正式启动，从收集资料，到开展研究，开会讨论，每一步都凝聚着大家的心血，现在能够出版，无比欣慰。由于绳金塔史籍资料奇缺，给相关研究带来了巨大的困难，加之水平有限，错漏之处在所难免，文中观点亦仅为一家之言，期得专家指正。

　　本书共分七个部分，分别为"历史沿革""建筑形制""研究论述""明清碑记""历代诗文""绳金塔文物""民间传说"，由赵德林、何莉、黄丽、田庄、王静、颜夏等同志编撰，赵德林、罗同舟、胡振统筹，本人负责审定。

　　绳金塔是江西省文物保护单位，南昌市博物馆 1984 年成立之后即对其行使保护管理职责。1985 年，经国家文物局、江西省人民政府批准，南昌市人民政府决定重修绳金塔，经过数次勘察、讨论，最终确定了维修方案，并于 1988 年清明节正式开工，1989 年国庆节竣工。在之前的勘察中，1987 年发现了地宫，并出土了一批文物。1988 年维修时在葫芦顶内又发现了一批文物。两批文物的发现对我们更深入地认知、研究绳金塔提供了珍贵的实物资料。

南昌市博物馆自成立以来，一直有馆无舍，绳金塔亦不具备展览条件，故其文物一直未能展出。值得庆贺的是，在市委市政府的重视、主管局的支持下，新馆建设即将启动，作为独具南昌地方特色的历史文化内容，绳金塔文物也将在市博物馆新馆陈列展出。

南昌市文化广电新闻出版局党委书记、局长赵刚平及副局长熊伟同志对本书的编撰出版非常重视，多次询问情况并提出了具体的指导意见。在编写过程中，编辑组还得到多位专家学者的支持和帮助，宗九奇先生为本书撰写了序，徐少平先生撰写了建筑形制一章，许怀林、刘诗中、王宁、周广明、周康健、熊河水先生对本书的章节、内容等提出了宝贵的意见和建议，在此谨表谢意！

曾 海

2018 年 5 月 18 日

图书在版编目（CIP）数据

天祐浮屠　坐镇江城：绳金塔 / 南昌市博物馆编. —南昌：江西美术出版社，2018.6
ISBN 978-7-5480-6132-8

Ⅰ.①天… Ⅱ.①南… Ⅲ.①古塔—出土文物—南昌—图集 Ⅳ.①K928.75-64②K873.561

中国版本图书馆CIP数据核字(2018)第120343号

出 品 人：周建森
项目负责：李　佳
责任编辑：陈　军　李　佳
责任印制：张维波　谭　勋
封面设计：郭　阳
版式设计：李　佳　刘志兰
摄　　影：毛　翼

天祐浮屠　坐镇江城　绳金塔

编　　著：南昌市博物馆
出　　版：江西美术出版社
社　　址：南昌市子安路66号　邮编：330025
电　　话：0791-86566241、86566113
网　　址：www.jxfinearts.com
经　　销：新华书店
印　　刷：浙江海虹彩色印务有限公司
版　　次：2018年6月第1版
印　　次：2018年6月第1次印刷
开　　本：965×1270　1/16
印　　张：12.5
I S B N：978-7-5480-6132-8
定　　价：268.00元